무엇이 중국을
1등으로 만드는가

세계경제 뒤흔드는 智혁명이 온다

INTELLIGENCE

무엇이 중국을 1등으로 만드는가

• MBN 중국보고서팀 지음 •

매일경제신문사

• 발간사 •

중국이 세계경제의 역사를 새로 쓰고 있습니다. 1978년 말 개혁개방 당시의 외환보유고는 1억 6,700만 달러에서 2018년 현재 3조 870억 달러로, 40년 동안 약 2만 3,000배 성장했습니다. 수출이 세계 1등, 구매력 기준 GDP가 세계 1등인 국가가 되었습니다. GDP가 세계 2등이 된 것은 이미 8년이나 지났고, 2030년에는 미국을 제치고 세계 1등 국가가 된다는 전망이 쏟아지고 있습니다.

인구 14억이라는 막대한 크기의 시장이기 때문일까요? 반드시 그렇지만은 않습니다. MBN 중국보고서팀이 분석한 결과에 따르면, 중국은 '지智' 정책으로 국가와 산업과 기업을 미래형으로 완전히 탈바꿈시키고 있습니다. '지' 정책이란 지금까지의 전통적인 산업과 기업 경영 방식을 버리고 4차 산업혁명으로 무장한 미래 국가로 변신하는 겁니다. 그 핵심에 제조업을 제조 대국에서 제조 강국으로 바꾸는 '중국제조 2025'와 모든 산업에 4차 산업혁명 기술을 접목하는 '인터넷 플러스' 정책이 자리 잡고 있습니다.

중국을 방문해 보셨습니까? 중국의 거리를 달리는 오토바이는 모두 전기 오토바이고, 중국 전역에 설치된 CCTV는 7분 만에 범죄자를 찾아내 범죄 없는 세상을 만들고 있습니다. 또한 국민 80퍼센트가 현금 없이 휴대폰만 들고 다니는 핀테크 왕국이 되었습니다. 한마디로 중국은 '지' 혁명을 통해 대한민국이 만들었던 IT 강국을 뛰어넘는 혁신을 곳곳에서 일으키고 있습니다.

비약적으로 성장한 중국의 자신감은 하늘을 찌릅니다. 중국 바이두의 창업자 리옌훙은 "구글이 중국 시장에 다시 들어와도 절대 겁이 나지 않는다"라는 말을 했습니다. 경제적 성장과 기술적 성장을 함께 이루어낸 중국에게 미국은 더 이상 두려운 존재가 아닙니다. 중국의 '지' 혁명이 미국과 중국의 무역 전쟁을 촉발했다는 분석도 있습니다. 이른바 중국이 '지' 혁명을 통해 육성 중인 10대 핵심 산업에 대해 미국이 25퍼센트의 관세 폭탄을 터트려 중국의 추격에 제동을 걸고 있다는 해석입니다. 이를 볼 때, 벌써 미국과 중국은 세계 1등 국가 G1을 놓고 패권 전쟁을 시작한 겁니다.

안타깝게도 중국의 '지' 혁명은 미국뿐만 아니라 대한민국에도 직접적인 충격을 가져오고 있습니다. 유럽 최대의 중국연구소 메릭스MERICS는 중국의 '지' 혁명으로 대한민국이 가장 큰 타격을 받을 것이라고 경고했습니다. 무엇보다 우리에게 위기인 것은 세계적인 경쟁력을 갖고 있는 반도체, 조선, 자동차, 철강, 석유화학, 휴대폰 산업을 중국이 집중 육성하고 있다는 겁니다. 다가올 미래는 온통 우리 산업의 위기라고 단언할 수 있습니다.

한국은 중국의 24번째 성으로 전락할까요, 아니면 중국의 14억 인구를 소비자로 만들게 될까요? 이 책 《무엇이 중국을 1등으로 만드는가》를 통해 세계경제의 질서가 재편되고 있는 현실을 알고 미래 기업의 성공전략을 새로 짜길 바랍니다. 특히 대한민국과 기업, 산업을 멀티 플랫폼Multi-Platform 강자로 재탄생시켜야 합니다. 플랫폼을 지배하지 못하면 대한민국에 미래는 없기 때문입니다. 모쪼록 중국이 일으키고 있는 혁신 사례를 통해 성공적인 경영전략을 수립하는 데 큰 도움을 얻길 바랍니다.

매경미디어그룹 회장
장대환

• 머리말 •

짝퉁과 모방의 나라에서 혁신과 첨단기술의 성지로 중국이 바뀌고 있다. MBN의 싱크탱크인 중국보고서팀이 중국 전문가 20여 명의 자문을 받아 6개월간 연구한 끝에 내린 해법은 대한민국을 플랫폼 국가로 업그레이드하는 'M-Platform Korea'이다. 미래 사회는 플랫폼을 지배하는 국가와 기업이 전 세계의 국가와 기업에 지배력을 행사한다. 대한민국 국가와 기업도 여러 국가와 기업이 뛰놀 수 있게 하는 멀티 플랫폼 국가, 멀티 플랫폼 기업으로 거듭나야 한다.

전 세계가 4차 산업을 최우선 과제로 삼고 있고 우리도 현재의 국가 경영과 기업 구조를 미래형으로 바꾸고 있다. 미국이나 독일, 중국, 일본 등 세계 각국이 4차 산업 국가의 반열에 들어섰다고 하지만, 4차 산업혁명에서 가장 두드러진 나라는 중국이다. 중국은 제조 공정을 고도화하고, 10대 신산업 분야를 육성하고, 2025년까지 제조업에서 두 번째 강국 그룹이 되기 위한 '중국제조 2025'와 중국 내 모든 산업과 기업, 소비자를 연결하는 '인터넷 플러스' 정책을 기반 삼아 4차 산업혁명을 일으켰다. 그 결과 중국은 드론 제조 1위, 산업용 로봇 1위, 모바일 결제 건수 1위 등 단시간에 4차 산업혁명의 기지로 탈바꿈했다.

이 과정에서 중심적인 역할을 한 것은 중국의 '지' 혁명으로, 모든 국가 시스템과 산업을 4차 산업혁명 기술로 재무장하는 전략이다. 중국제조 2025와 인터넷 플러스에 기반을 두고 일어났다. 중국은 이 '지' 혁명을 통해 인공지능(AI)과 빅데이터, 사물인터넷, 블록체인, 클라우드가 세계적인 경쟁력을 발휘하는 혁신 생태계를 만들어내고 있다. 하루 평균 1만 6,500개에 달하는 기업도 창업되고 있다.

4차 산업으로 탈바꿈한 중국의 발전 속도는 놀랍다. 2010년에 일본을 따라잡은 중국이 미국을 따라잡을 날도 머지않았다. IMF는 2018년 8월 "2030년에 중국의 GDP가 미국을 앞지를 것"이라고 전망했다. JP모건 아태지역 CEO 니콜라스 아구진은 "10년 이내에 세계 500대 기업 가운데 4분의 1을 중국 기업이 차지하고, 중국 경제가 세계 GDP에서 차지하는 비중이 20퍼센트에 달할 것"이라고 말했다.

중국의 '지' 혁명에 가장 충격을 받는 나라는 어디일까? 바로 한국이다. 중국이 주력하는 산업은 우리가 발표한 미래 성장산업과 일치한다. 유럽 최대 중국 싱크탱크인 메릭스는 중국의 4차 산업혁명으로 대한민국 산업이 가장 먼저 위태로워질 거라고 전망했다. 중국의 부상으로 한국은 제1충격을 제조업, 제2충격을 반도체 산업, 제3충격을 4차 산업혁명 기반 산업의 모든 분야에서 받게 된다.

중국이 4차 산업혁명의 국가로 도약한 비결은 중국 정부의 강력한 리더십이 핵심 역할을 한 데 있다. 중국은 전역에 스마트 시티 600개를 만들어 기업들이 '지' 혁명을 일으킬 수 있도록 테스트베드를 제공하고 있다. 첨단기술 시범도시인 슝안신구에서는 자율주행차가 도로를 달리고 로봇이 24시간 동안 경찰 대신 순찰한다.

Part 1과 2에서는 혁신에 나서는 중국에 관해 다룬다. 중국은 과거 세계의 공장이라 불렸다. 다른 나라에서 필요로 하는 제품을 값싼 노동력으로 대량생산하는 데에만 집중했다. 지금의 중국은 4차 산업혁명을 선도하는 나라다. 이 저변에는 '중국몽'으로 불리는 중국의 발전계획이 기저에 있다. 중국은 중국공산당 창당 100주년인 2021년과 중국 건국 100주년인 2049년에 맞춰 중산국, 세계 1등 국가의 꿈을 이루겠다는 계획을 세웠다. Part 1에서는 중국의 발전 사례와 중국의 도약 전략을 분석하고, 과거 패권국의 이야기를 함께 다뤘다.

Part 3, 4, 5에서는 중국 기업과 산업계에서 이뤄지는 혁신의 실체를 다뤘다. Part 3에서는 중국인이 일상에서 누리는 혁신적인 기술들을 공해 없는 세상, 냉장고 없는 세상, 지갑 없는 세상, 계산원과 도둑이 없는 세상, 안 되는 것(No) 없는 세상이라는 다섯 가지 분야로 나눠 분석했다.

Part 4에서는 중국 산업계 전반에서 일어나고 있는 혁신이 우리나라에 어떻게 위협을 주는지 분석했다. '중국제조 2025'와 '인터넷 플러스'로 대표되는 중국의 4차 산업혁명을 통해 중국이 얼마나 발전을 이뤘고 '지' 혁명이 중국 산업 생태계에서 어떻게 순환되는지 살펴봤다. 그리고 '지' 혁명이 한국에 미칠 충격에 대해 한국의 제조업과 반도체, 미래 산업 분야로 나눠 분석했다. 한국은 중국의 '지' 혁명에 가장 많은 타격을 받는 민감한 나라지만 아직 한국은 중국에 대해 잘 모르고 있는 것이 현실이다.

Part 5는 분야별 기업에 관해 조금 더 자세하게 다뤘다. 자동차 분야의 비야디, 지리자동차, 니오를 다뤘고, 드론 산업에서는 세계 1위 기업인 DJI와 드론 택시를 개발한 이항의 사례를 서술했다. 철강 같은 전통 분야는 물론이고, 샤오미를 필두로 한 스마트폰 산업과 반도체 산업 등을 다뤘다. 이외에도 2차전지(배터리), 인공지능 산업, 게임 산업, 스마트헬스(건강) 산업, 전자상거래 분야까지 중국 산업의 전반을 속속들이 파헤쳤다.

Part 6에서는 중국의 '지' 혁명에 맞설 대한민국의 액션 어젠다를 제시했다. 중국보고서팀은 중국이 지금과 같은 혁신 국가로 거듭난 핵심 경쟁력을 플랫폼으로 지목했다. 그리고 유니콘 창업 플랫폼, 기술 개발 플랫폼, 모바일 플랫폼, 빅데이터 플랫폼, 지 시티智 City 플랫폼이라는 다섯 가지 플랫폼을 구축할 것을 제안했다. 4차 산업혁명 기술의 총집합인 스마트 시티를 창업의 모태로 활용해 개방형 혁신 Open Innovation을 유도하고, 개별 기업이 따라잡기 어려운 인공지능 같은 기술 분야의 격차를 줄이기 위해 글로벌 기업과 공동으로 기술을 만들 플랫폼 구축을 제안했다. 또한 앱을 설치하지 않아도 수백만 개의 서비스를 구동하는 생태계 구축과 데이터 산업 활성화를 위한 거래소 구축을 담았다. 마지막으로 남북경협이 본격화할 때를 선제적으로 대비하는 남북 경협 스마트 시티 '지 시티'구상으로 플랫폼 제언을 엮어냈다.

이 책은 중국의 4차 산업을 이끌고 있는 '지' 혁명 시대를 맞이해 중국에 진출하려는 기업인들은 물론, 경제활동을 하는 국민이라면 모두가 알아야 할 내용과 연구 결과를 집대성한 것이다. 중국의 꿈대로라면, 2049년 중국은 전 세계 1등의 최강국으로 발돋움할 것이다. 중국과 인접 국가인 한국은 중국을 먼 나라 보듯 지나칠 수 없다. 이 책이 2049년을 대비해야 하는 지금의 직장인들을 비롯해 2049년 사회에 진출해 활발히 경제활동을 펼칠 초등학생들에게도 '중국 교과서'가 될 거라 기대한다.

MBN 중국보고서팀

Contents

PART 3
세계의 공장, 혁신 메카가 되다

PART 4
중국 산업의 '지' 혁명

PART 5

'지' 혁명에 앞장선 중국 기업들

PART 1

새로운 중국이 온다

CHINA DREAM

1

왜 중국을 주목해야 하나?

개혁개방 40년, 200배 초고속 성장 신화

중국이 환골탈태하고 있다. 지금까지 우리가 알았던 중국의 모습이 아니다. 중국공산당이 국가의 가능 목표를 세계 1등으로 설정하면서 중국이 새롭게 태어나고 있기 때문이다. 이른바 새로운 중국이 등장하고 있다.

개혁개방 40년. 중국은 이 기간 동안 인류 역사상 최초로 200배가 넘는 초고속 성장 신화를 이루어냈다. 각종 경제지표에서 '세계 최대' 타이틀을 거머쥐며 2010년 일본을 제치고 세계 2위 경제 대국으로 발돋움했고, 2014년에는 이미 구매력 기준 세계 1등 국가가 됐다.

IMF 보고서는 "2030년 중국이 세계에서 GDP 수준이 가장 높은 국가가 될 것"이라고 밝혔다. 19세기 서구 열강에 무릎을 꿇기 전까지 전 세계 GDP의 4분의 1을 차지하며 누구도 넘볼 수 없는 패권국가였던 중국이 한 세기를 뛰어넘어 다시 과거의 영광을 되찾기에 나선 것이다.

'두 개의 100년'을 꿈꾸는 중국

중국은 현재 '두 개의 100년'을 통해 세계 1등 국가가 되는 중국몽中國夢을 꿈꾸고 있다. 첫째, 중국공산당 창당 100년이 되는 2021년까지 모든 국민이 중산층의 삶을 누리는 샤오캉 사회를 만들고, 다음 단계 중간 목표로 과학기술을 앞세워 2035년 선진국 대열에 오른다는 것이다. 둘째, 중화인민공화국 건국 100년이 되는 2049년까지 태평성대의 행복한 나라, 다퉁 사회를 실현한다는 것이다. 이는 종합적인 국력과 글로벌 영향력에 있어서 미국을 제치고 세계의 중심, 즉 G1 국가가 되겠다는 중국의 비전이다.

중국몽 향한 질주가 시작됐다

세계 1등 국가, 중국몽을 향한 질주는 이미 시작됐다. 핵심 전략은 중국을 첨단산업 국가로 발전시켜 세계경제의 패권을 장악하겠다는 것이다. 이를 위해 '중국제조 2025'와 '인터넷 플러스' 정책을 가동해 인공지능과 차세대 반도체, 드론, 항공우주, 전기차 등 10대 전략산업을 집중 육성하며 매년 천문학적인 액수를 연구개발R&D에 쏟아붓고 있다.

정부의 집중투자와 정책 지원에 힘입어 중국 기업들은 4차 산업혁명의 핵심 분야를 속속 장악하고 있고, 첨단 분야 스타트업들은 초단기간에 거대한 시장을 앞세워 세계를 선도하는 유니콘 기업으로 성장하고 있다. 정확도 99퍼센트의 안면인식 기술을 바탕으로 창업 4년 만에 세계에서 가장 기업가치가 높은 인공지능 유니콘이 된 센스타임(중국명은 상탕커지, 商科科技)이 그 대표적인 예다. 또 세계 최대 통신장비 기업으로 성장한 화웨이는 미래 산업의 근간이 될 5G 분야에서 막강한 기술력과 가격경쟁력을 토대로, 새로운 세계 표준인 '차이나 스탠다드'를 만들어가고 있다.

세계의 공장, 혁신 메카가 되다

84시간마다 유니콘 기업 1개 탄생

불과 몇 년 전까지 세계의 공장이자 모방과 짝퉁의 나라에 불과했지만 중국은 이제 혁신과 창조의 중심지가 되고 있다. 중국의 기업 전문 연구소인 후룬연구원이 분석한 결과, 2018년 상반기 6개월 동안에 탄생한 중국 내 유니콘 기업은 52곳에 달했다. 유니콘 기업은 기업가치 10억 달러(약 1조 원) 이상의 비상장 기업을 지칭한다. 약 84시간마다 기업가치 1조 원의 기업이 탄생하는 셈이다. 중국판 '블랙 프라이데이'로 불리는 광군제에서 알리바바는 전 세계 소비자들을 대상으로 초당 72만 건을 거래했다. 이날 중국에서 발생한 거래액만 2135억 위안(34조 7,000억 원)에 달한다. 대한민국 백화점 전체의 1년 매출액이 29조 원이라는 사실을 고려하면 엄청난 규모다.

이 같은 혁신의 원동력은 무엇일까? 글로벌 경제 전쟁에 참여하는 기업들이 꼭 주목해야 할 점이다. JP모건 아태지역 CEO 니콜라스 아구진은 "10년 이내에 세계 500대 기업 가운데 4분의 1을 중국 기업이 차지하고, 중국 경제가 세계 GDP에서 차지하는 비중이 20퍼센트에 달할 것"이라고 전망했다.

인류 역사상 가장 빠르게 변신하는 중국

중국은 경이로울 정도의 빠르기로 변신하고 있다. 인류 역사상 가장 빠르다고 해도 과언이 아니다. 1978년 개혁개방 정책을 실시한 이후 40년 만에 전 세계 최초로 200배 넘게 성장하며 가장 빠르게 발전하는 나라가 됐다. 2001년 WTO(세계무역기구)에 가입하면서 국가 문호를 전 세계에 열었고, 세계로 물건을 수출하고 글로벌 제품의 소비시장으로 변신했다. 특히 2005년 산업 규모 측면에서 독일을 제치고 세계 3위에 올라선 데 이어 세계 2위 일본과 어깨를 나란히 하는 나라가 됐고, 2012년에는 미국을 제치고 세계 1등으로 부상했다.

양에서 질로 성장 패러다임을 바꾸다

2010년까지 양적 성장에 집중하던 중국은 2011년에 시작된 12차 5개년 계획부터 국가 성장의 패러다임을 양에서 질로 대전환했다. 제

13·5 계획규획 기간 중 중국 산업 발전 형태 분석

발전 형태	기존 모델	산업 업그레이드
규모 및 위상	고속성장, 비교적 빠른 성장 공헌	보통의 성장 속도, 비교적 낮은 성장 공헌
산업 구조	에너지 원자재 기반의 중공업화	고가공도 및 기술 집약화
발전 모델	조방형 규모의 성장	집약형 질적 성장
동력 요인	노동 및 자본의 요인	혁신, 효율, 가치 등의 요인

자료: 国家发展和改革委员会产业经济与技术经济研究所(2016), 中国产业发展报告: 2016-面向 "十三五"的产业经济研究, 经济科学出版社, p.66.

조업 중심의 성장 방식을 버린 것이다. 서비스 산업을 집중적으로 발전시킨다는 목표를 세우고 제조업의 구조고도화에 매달렸다. 이어 2016년부터 2020년 기간 동안 추진되는 13차 5개년 계획에서는 아예 '질적 성장'에 초점을 맞추고 있다.

특이사항은 발전 방식을 '고속성장'에서 '보통의 성장' 속도로 전환했다는 점이다. 산업 역시 연구개발 투자 확대, 환경친화적 산업, 추진기술집약형으로 전환하고 '혁신'과 '효율'을 통한 산업의 업그레이드에 집중했다.

3

세계경제의 역사를 새로 쓰다

숫자로 보는 중국의 성장 방향

중국 정부의 놀라운 리더십은 목표 지향적이며, 제시한 방향으로 산업 구조를 빠른 시간 안에 재편해낸다. 이를 위해 목표로 설정하는 숫자도 매우 구체적이다.

예를 들어 3차 5개년 계획에서는 서비스 산업 육성을 목표로 제시하며 서비스 산업의 비중을 2020년 GDP의 56퍼센트로 성장시킬 것을 구체화하고 있다. GDP 대비 연구개발 투자 비중은 2020년 5.6퍼센트로 끌어올리고 인구 1만 명당 발명특허 보유량도 12건으로 대폭 확대하는 혁신을 일으킬 것, GDP 단위당 에너지 소모량 및 이산화탄소 배출량 등도 2015년 대비 2020년에 각각 15퍼센트, 18퍼센트로 줄일 것을 목표로 제시하고 있다. 인터넷 보급률도 2020년까지 유선 70퍼센트, 무선 85퍼센트로 대폭 늘려 IT 강국으로 변신할 것을 국민에게 지침처럼 제시했다.

이 같은 공산당 정부의 구체적인 목표 제시는 모든 산업과 기업을 한 방향으로 움직이게 하는 원동력이 되고 있다. 나아가 중국의 산업 경쟁력을 높이는 방향타 역할을 하고 있다.

중국 13차 5개년 계획의 주요 지표

		2015년	**2020년**	연평균 증가율 [누계]	속성
경제발전					
국내총생산(GDP) (만 위안)		67.7	**>92.7**	>6.5%	예측성
전국 노동생산성[만 위안/명]		8.7	**>12**	>6.6%	예측성
도시화율(%)	상주인구 기준	56.1	**60**	[3.9]	예측성
	호적인구 기준	39.9	**45**	[5.1]	
서비스 산업 비중		50.5	**56**	[5.5]	예측성
혁신추진					
연구개발 투자 강도(%)		2.1	**2.5**	[0.4]	예측성
인구 만 명당 발명특허 보유량(건)		6.3	**12**	[5.7]	예측성
과학기술 진보의 공헌율(%)		55.3	**60**	[4.7]	예측성
인터넷 보급률 (%)	유선	40	**70**	[30]	예측성
	무선	57	**85**	[28]	예측성
민생복지					
가처분소득 증가율(%)				>6.5	예측성
노동 가능 인구의 평균 교육 연한(년)		10.23	**10.8**	[0.57]	예측성
도시지역 신규 증가 고용(만 명)				[>5,000]	예측성
빈곤탈피농촌인구(만 명)				[5,575]	약속성

기본양로보험 가입률(%)		82	**90**	[8]	예측성
도시 판자촌 주택 개선(만 호)				[2,000]	약속성
평균기대수명(세)				[1]	예측성
자원환경					
경지 보유량(억 묘)		18.65	**18.65**	[0]	약속성
신증설 건설용지 규모(억 묘)				[〈3,256]	약속성
GDP 1만 위안당 용수량 저감(%)				[23]	약속성
단위 GDP당 에너지 소모 저감(%)				[15]	약속성
1차 에너지 소비에서 비화석에너지 비중(%)		12	**15**	[3]	약속성
단위 GDP당 이산화탄소 배출 저감(%)				[18]	약속성
삼림발전	삼림점유 비율(%)	21.66	**23.04**	[1.38]	약속성
	삼림축적량(억 m³)	151	**165**	[14]	약속성
대기질	지급 이상 도시의 대기질 우량 일수 비율(%)	76.7	**〉80**		약속성
	표준 미달 지급 이상 도시의 미세먼지(PM2.5) 농도 저감(%)			[18]	약속성
지표 수질	Ⅲ급수 이상의 수질 비율(%)	66	**〉70**		약속성
	Ⅴ급보다 나쁜 수질 비율(%)	9.7	**〈5**		약속성
주요 오염물질 배출 총량 감소(%)	화학적 산소요구량			[10]	약속성
	암모니아질소			[10]	
	이산화황			[15]	
	질소산화물			[15]	

자료: 全国人大财政经济委员会, 国家发展和改革委员会, 2016-2020〈中华人民共和国经济和社会发展第十三个五年规划纲要〉解释材料, 中国计划出版社, 2016.3. p7-8.

중국에서 사라지는 대한민국

중국 부상, 한국 산업에 가장 큰 충격 준다

중국의 혁신이 계속되면서 한국은 위기에 내몰렸다. 2013년 중국 시장의 20퍼센트를 차지했던 삼성 스마트폰 점유율은 2018년 상반기 0.8퍼센트까지 추락했다. 현대·기아차의 중국 시장 점유율도 2014년 10.4퍼센트에서 2018년 상반기 4.8퍼센트까지 떨어지며 반토막이 났다. 한마디로 한국 기업들은 악전고투 중이다. 게다가 4차 산업혁명 관련 기술마저 중국 기업에 밀리고 있다. 이런 추세라면 한국이 중국의 경제 속국으로 전락할 것이라는 비관론까지 나오고 있다.

중국 정부가 추진 중인 '중국제조 2025'가 궤도에 오르게 되면 반도체, 전기차, 배터리 등 한국의 주력산업이 가장 충격을 받게 된다.

독일 싱크탱크 메릭스의 보고서는 "중국제조 2025 전략이 성공하면 첨단기술 산업 비중이 큰 국가가 타격을 받을 것"이라며 피해 국가 1순위로 한국을 꼽았다. 독일과 일본, 체코, 이탈리아 등이 그 뒤를 따르고, 미국은 중위험국으로 분류됐다.

대외경제정책연구원KIEP도 미국과 중국의 통상 전쟁으로 중국의 대미 수출이 줄면 반도체 같은 전자부품과 화학제품 등 한국의 대중 중간재 수출이 타격을 입을 것으로 분석했다. 중국산 휴대폰과 텔레비전 등의 미국 수출이 감소하면 한국산 반도체와 디스플레이의 수요가 줄어들 수밖에 없기 때문이다. 중국 산업이 부상함으로써 이에 따른 가장 큰 충격을 한국 산업이 받게 되는 것이다.

중국과 17개 품목 경합, 피 말리는 싸움

중국의 미래 경제를 이끌고 있는 엔진은 '지' 혁명을 기반으로 한 제조업이다. 중국은 제조업을 기반으로 국가의 번영을 이끌고 기업의 경쟁력을 키우는 전략을 펴고 있다.

문제는 중국의 제조업 경쟁력이 강화될수록 한국의 주력산업이 뒤로 밀리게 된다는 점이다. 한국무역협회 국제무역연구원에 따르면 우리나라가 세계 수출시장에서 점유율 1위를 차지한 품목의 68개(2015년 기준) 중 17개가 중국과 경합 관계에 있다. 대부분의 품목에서 격차가 5퍼센트포인트 미만으로 미미하다. 언제든 순서가 뒤바뀔 수 있다는 의미다.

일부 품목에서는 이미 중국이 우리를 앞지른 것으로 평가받고 있다. 한국이 1등이었던 액정표시장치LCD는 중국 BOE에 따라잡혔다. BOE가 대형 LCD 시장에서 2017년 처음으로 LG디스플레이를 누르고 점유율 1위에 올라선 것이다. 출하량 기준 BOE의 점유율은 24퍼센트로 LG디스플레이(19퍼센트)와 그 격차를 더 벌리고 있다.

미래 경쟁력마저 불안한 한국 산업

한국은 이렇게 주력산업이 흔들리고 있고 미래 산업마저 불투명하다. 중국 정부는 '차세대 인공지능 발전계획 추진위원회'를 설치하고 미래 먹거리 산업을 체계적으로 지원하고 있다. 특히 자율주행(바이두), 의료·헬스케어(텐센트), 스마트 시티(알리바바) 등 특정 분야를 주요 기업에 할당해 중점 육성할 정도다.

연구개발 지원 규모에 있어서도 우리와 중국은 비교가 되지 않는다. 현대경제연구원이 발표한 '한국 주력산업의 위기와 활로' 보고서에 따르면 구매력 기준 중국의 연구개발 투자 규모는 2014년 2,525억 달러로 미국(2,215억 달러)을 제쳤다. 중국의 부상은 한국을 총체적으로 위협하고 있다.

한국경제연구원은 2018년 5월 발표한 보고서에서, 4차 산업혁명 기술 분야에서 한국이 중국보다 5개 분야는 우위에 서 있지만 5개 분야에서는 뒤처진다고 지적했다. 뒤처지는 분야는 블록체인, 인공지능, 우주기술, 3D 프린팅, 드론이다. 앞서 있는 분야는 바이오, 사물인

한국과 중국의 현재 기술 격차

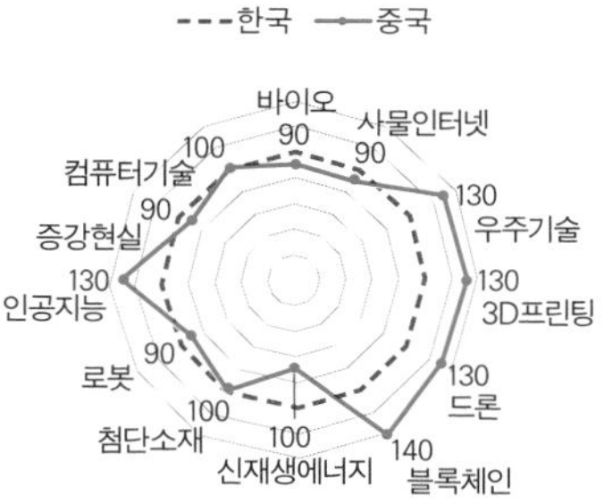

한국과 중국의 5년 후 기술 격차

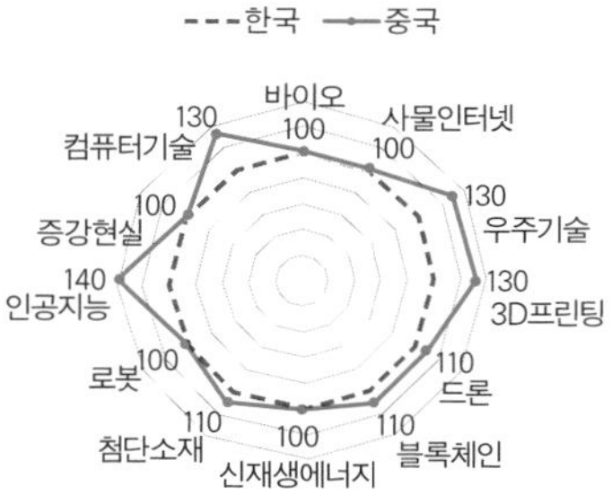

터넷, 로봇, 증강현실, 신재생에너지 분야다. 하지만 5년 뒤인 2023년, 중국이 앞선 5개 분야에서 우리나라는 기술 격차를 따라잡지 못하고, 앞서 있는 5개 분야는 기술 격차를 따라잡힐 것이라고 전망했다.

PART 2

세계 경제의 역사를 새로 쓰다

CHINA DREAM

중국 두 개의 100년과 3가지 꿈

중국의 놀라운 변신

시진핑 정권이 들어서면서 중국 100년의 꿈, 중국몽은 더욱 구체화되고 있다. '세계 1등 중국'을 만들기 위해 '두 개의 100년' 목표와 3가지 단계별 목표 달성에 앞장선 것이다.

첫 번째 100년 목표는 중국공산당 창당 100주년이 되는 해, 즉 2021년에 '전면적인' 샤오캉 사회를 건설하는 것이다. 중국의 첫 번째 꿈이다. 이른바 의식주 걱정이 없는 중진국 수준의 국가를 만드는 일이다. '샤오캉小康'은 '천하를 집과 같이 따뜻하고 화목하고 예의로 서로 대하는 사회'라는 의미를 담고 있다. 고대 중국인들의 이상사회였던 샤오캉 사회는 현대에서 '의식주 문제가 기본적으로 해결된 사회'를 말한다. 첫 번째 목표는 바로 의식주 걱정 없는 경제적으로 풍요로운 사회를 만들겠다는 구상이다. 현 추세대로라면 2020년에 중국은 1인당 국민소득 1만 달러 시대를 맞게 된다. '전면적'이라는 것은 단순히 경제뿐만 아니라 정치, 문화, 사회, 생태 등의 측면에서 삶의 질이 보장된 사회를 의미한다.

두 번째 100년 목표는 중화인민공화국 건국 100주년이 되는 해, 즉 2049년에 사회주의 현대화를 완성하는 것이다. 완벽하게 평화롭고 안락한 태평성대의 세상, 다퉁大同 사회를 실현한다는 말이다. 이는 중국이 종합적인 국력과 글로벌 영향력에 있어서 미국을 제치고 세계의 중심에 서겠다는 선언이기도 하다. 다퉁 사회는 중국의 세 번째 꿈으로 유토피아 국가를 만들겠다는 구상이다. 부강, 민주, 문명, 조화가 이루어진 사회주의 현대화 국가를 건설하겠다는 꿈, 누구나 중국에 살고 싶은 '유토피아'의 행복 국가를 실현하겠다는 비전이 담겨 있다. 중국의 경제력과 종합국력을 패권국가 수준으로 끌어올려 물질문명, 정치문명, 정신문명, 사회문명, 생태문명을 선도하는 국가가 되겠다는 구상이다.

2035년, 혁신 국가를 완성한다

중국은 2021년과 2049년 사이인 2035년을 '혁신 국가' 완성의 해, 즉 선진국 반열에 오르는 시기로 설정했다. 이때 중국은 국민 생활이 부유해지고, 대다수가 중등소득 계층이 된다. 도농 간 발전 격차가 사라지고 주민 생활 수준의 격차가 현저히 축소된다. 이것이 중국이 이루고자 하는 두 번째 꿈으로 미국과 같은 수준의 '선진국'을 말한다.

중국 칭화대학 '중국 및 세계경제연구센터'에 따르면 중국이 동아시아 국가들의 발전 패턴을 따른다고 가정할 때 중국의 1인당 GDP는 2035년 미국의 49.7퍼센트, 2050년 73.4퍼센트가 될 전망이다. 이렇게 되면 2050년 중국의 경제 규모는 미국의 3배를 능가하게 된다. 중국 칭화대 리다오쿼이 교수는 중국 경제의 연평균 성장률이 2017~2030년에 6퍼센트, 2031~2040년에 4퍼센트, 2041~2050년에 3퍼센트로 성장하면 '두 개의 100년' 목표를 달성할 수 있을 것이라고 전망한다.

중국몽, 위대한 중화민족의 부흥

그동안 중국 지도자들은 집권과 함께 자신의 강한 신념이 담긴 국정철학을 제시했다. 그리고 그 철학은 국가 경영의 기본이 되어 모든 국민을 그 방향으로 일사불란하게 움직이게 하고 있다. 마오쩌둥은 '일어서다站起來', 덩샤오핑은 '부자가 되다富起來', 장쩌민은 '강성해지다强起來', 그리고 후진타오는 '조화사회和諧社會'를 내세웠다. 이는 한결같이 정치적 구호였다.

하지만 시진핑은 달랐다. 세계 1등 국가, 중국몽, 즉 'China Dream'을 제시했다. 중국몽은 봉건왕조 시기에 조공질서를 통해 세계의 중심 역할을 했던 전통 중국의 영광을 21세기에 되살리겠다는 의미다. 시진핑은 2012년 공산당 총서기에 선출된 직후, '위대한 중화민족의 부흥'을 의미하는 중국몽을 실현하겠다며 중국 사람들의 자존심을 세워주었다. 그리고 중국몽은 중국의 통치 이념이 됐다. 중국몽을 통해 중국은 현재 잘사는 나라(국가 부강), 국민 부흥의 나라(민족 진흥), 행복한 나라(인민 행복)라는 세 가지 꿈을 실현할 목표를 실천하고 있다. 이른바 경제는 물론, 정치, 외교, 문화에 이르기까지 세계 1등 '유토피아 국가'를 만들겠다는 구상이다.

그렇다면 당연히 현재 세계 1등 패권국가인 미국의 파워를 능가하는 국가를 만들어야 한다. 중국은 현재 이 '패권국가'의 목표를 향해 달려가고 있다. 과연 중국은 일본을 제친 데 이어, 미국을 능가하는 세계 1등 패권국가의 자리를 쟁취하게 될까?

제조 대국, 제조 강국으로 바꾼다

중국 산업의 꿈은 첨단산업에 있다. 첨단산업을 통해 세계 패권을 장악하겠다는 전략을 '중국제조 2025'에 담고 있다. 독일의 제조업 혁신 전략인 '인더스트리 4.0'을 벤치마킹한 이 전략의 핵심은 제조 대국에서 제조 강국으로 거듭나겠다는 꿈을 담고 있다. 양적 성장을 통해 세계 최대의 제조 대국으로 부상한 중국을 질적 성장을 통해 세계 최강의 제조 강국으로 부상시키겠다는 구상이다.

2015년 5월 18일 발표된 중국제조 2025 정책은 목표가 매우 구체적이란 점에서 놀랍다.

우선 핵심 부품과 소재의 국산화율을 2020년까지 40퍼센트로 끌어올리고 2025년에는 70퍼센트 수준까지 달성할 계획이다. 2035년에는 독일과 일본을 제친 뒤 2049년 미국까지 추월하겠다는 목표를 정했다. 이런 목표를 달성하기 위해 반도체·정보기술(IT), 로봇, 항공우주, 해양공학, 첨단철도, 친환경 자동차 등 10대 전략 육성 산업을 선정했다.

중국, 10대 전략산업으로 승부

제조 강국의 꿈은 10대 전략산업에 맞춰져 있다. 반도체·정보기술(IT), 로봇, 항공우주, 해양공학, 첨단철도, 친환경 자동차 등 10대 전략 육성 산업을 선정했다.

'중국제조 2025' 탄생 뒤에는 '볼펜심 사건'이 숨어 있다. 리커창 총리가 2015년 "우주선도 발사하는 중국 기업이 볼펜심 하나 제대로 만들지 못한다"고 한탄하면서다. 중국은 당시 매년 볼펜 400억 개를 생산하며 세계 시장의 80퍼센트를 석권했지만 정작 볼펜심에 들어가는 볼은 만들지 못해 일본과 독일에서 90퍼센트를 수입했다. 크롬이나 스테인리스강으로 된 볼을 제조하기 위해선 첨단기술이 필요했던 것이다. 볼펜심 사건은 중국인에게 자존심 상한 일이었다. 볼펜심 사건 이후 중국 스테인리스강 제조업체 타이위안철강이 2016년 볼펜심용 2.3밀리미터 두께의 고강도 스테인리스강을 개발했다. 지금은 100퍼센트 중국산 볼펜을 생산하고 있다.

중국 발전 로드맵 '5개년 계획'

중국 경제의 비약적인 성장을 이끈 원동력으로 정부의 리더십이 큰 역할을 했다. 한국 경제가 1962년 경제개발 1차 5개년 계획을 시작으로 '한강의 기적'을 창출한 것처럼 중국 역시 정부가 중장기 경제발전계획을 세워 국가와 기업 발전을 주도하고 있다. 5개년 계획의 시작은 1929년 소련이었다. 이후 소련의 영향을 받은 중국은 1953년 1차 5개년 계획을 수립해 5년마다 발전계획을 구체화하고 있다.

1917년 러시아에서 일어난 공산주의 혁명은 많은 나라에 영향을 미쳤고 중국이 가장 큰 영향을 받았다. 중국공산당은 1949년 10월 1일 중화인민공화국(중국)이라는 사회주의 국가를 세웠다. 국가는 중국공산당의 헌법이라 할 수 있는 당헌黨憲에 따라 철저히 움직이고 있다. 가장 기본적인 철학이 공산당의 시조인 마르크스·레닌주의 철학이며 마오쩌둥, 덩샤오핑, 장쩌민, 후진타오, 시진핑 등 중국 지도자들의 지침대로 움직이고 있다.

'계획경제'인 만큼 중국은 국가가 나서서 모든 경제활동을 '계획'하고 있다. 자원의 배치, 경제 순환, 산업 구조 조정 등 모든 경제 문제를 '계획'을 통해 해결한다. 무서운 점은 '계획'이 발표되면 그 방향대로 모든 국가 조직과 기업이 일사불란하게 움직여 목표를 달성해낸다는 점이다.

역사를 바꿨던 패권국가, 스페인과 네덜란드

패권 전쟁, 인류 발전 이끌다

역사상 국가 지도자들은 전쟁과 무역을 통해 국가 영토를 확장하고 부강한 나라를 만드는 방식으로 패권 경쟁을 벌였다. 패권이란 고대 그리스의 도시국가였던 아테네와 스파르타 사이의 헤게모니 Hegemony 싸움에서 비롯됐다. 델로스 동맹의 헤게모니였던 아테네와 펠로폰네소스 동맹의 헤게모니였던 스파르타가 다른 도시국가들에 대해 강력한 영향력(권력)을 행사하면서 주도권, 맹주를 뜻하는 말로 자리 잡았다. 동양에서는 춘추전국시대 다섯 맹주, 즉 제나라, 진나라, 초나라, 오나라, 월나라 사이에 전쟁이 치열해지면서 권력을 잡기 위한 의미로 '패권'이라는 말이 사용됐다.

역사상 모든 국가는 자기 세력을 밖으로 확장시키기 위해 패권 전쟁을 일으켰다. 고대 그리스 도시국가를 비롯해 중세, 근대에 이르기까지 열강들의 각축전이 이어졌다. 역사가들은 패권을 추구하는 세력 확장에 대한 욕구가 인류 문명과 국가 발전을 촉진시킨 원동력이 됐다고 분석하고 있다. 글로벌 패권은 16세기 신대륙을 개척하며 농업제국을 만든 스페인, 17세기 중반에서 18세기에 상업혁명을 일으키며 세계 무역을 장악한 네덜란드, 18세기 중반에서 20세기 초에 산업혁명을 선도한 영국, 2차 세계대전의 승리를 이끌며 IT 혁명을 일으킨 미국으로 끊임없이 이동했다. 이제 관심은 부상하는 중국이 언제 미국과의 패권 전쟁에서 승리해 패권국가로 자리매김하느냐이다. 그리고 이것이 가능하느냐이다.

스페인, 첫 패권국가가 된다

인류 역사상 최초로 패권국가의 꿈을 꾼 나라는 스페인이다. 역사상 최초로 해상으로 진출해 유럽의 서부와 중부, 아메리카에서부터 필리핀에 이르기까지 방대한 영토를 정복했다. 신대륙과 아시아 항로를 개척하며 대항해시대를 연 최초의 국가가 됐다. 이를 통해 16세기부터 19세기까지 그 영토는 유럽과 아메리카, 아프리카, 아시아, 오세아니아에 이르렀다. 스페인은 20세기 초반까지 아프리카 지역에 식민지를 두고 있었다.

스페인의 야망은 신대륙을 향했다. 1492년 크리스토퍼 콜럼버스

Christopher Columbus는 처음으로 에스파냐 탐험대를 이끌고 대서양을 가로질러 아메리카 대륙에 닿았다. 신세계를 향한 열망은 스페인의 국가 운명을 바꿔놓았다. 스페인 원정대는 카리브 제도를 장악한데 이어 미국 본토의 아즈텍과 잉카 같은 토착 제국들을 무너뜨렸다. 이후 캐나다에서 남아메리카의 티에라델푸에고 제도까지 진출하며 대제국을 세웠다.

이어진 스페인의 세계 일주 탐험대는 1519년 페르디난드 마젤란이 시작하여 1522년 후안 세바스티안 엘카노가 끝마치면서 콜롬버스가 바라던 아시아로 가는 서쪽 항로 개척에 성공했다. 이로써 괌, 필리핀과 주변 섬들을 식민지로 만들었다.

패권을 장악한 스페인은 황금시대를 열었다. 400년 넘게 4세기 동안 아메리카의 거대한 땅과 더불어 네덜란드, 룩셈부르크, 벨기에, 이탈리아 대부분, 독일 일부, 프랑스 일부, 아프리카와 아시아, 오세아니아 영토를 차지하는 영예를 누렸다.

이처럼 패권국가의 시작은 글로벌화에서 시작됐다. 당시 유럽은 고대 로마 제국의 찬란했던 흔적만 보유한 유라시아 대륙의 서쪽 변방 국가에 불과했다. 경제력, 문화 수준, 정치적 안정 등 여러 측면에서 이슬람 세계나 동아시아에 비해 열세였다.

유럽이 세계의 변방에서 벗어나 패권국가로 도약하려면 대항해, 즉 글로벌을 통해 세력을 확장하는 방법밖에 없었다. 이때 스페인과 포르투갈이 대항해시대의 서막을 열었다.

네덜란드, 상업혁명 일으키며 패권을 쥐다

네덜란드는 스페인 제국의 패권에 맞서 상업혁명을 일으켰다. 경제 성장을 둔화시키는 농업사회의 틀을 깨고 고성장이 가능한 상업사회를 만들어냈다. 최초의 상업사회를 만든 네덜란드는 국내외 교역을 기초로 형성한 부를 자본으로 축적해 이를 재투자하는 방식으로 국가를 성장시켰다.

국토의 6분의 1이 바다보다 낮은 지대를 간척하여 만든 땅으로 설립된 나라, 한반도 면적의 5분의 1밖에 안 되는 면적으로 세계 패권국가를 만든 것은 경이적인 일이다. 척박한 토양, 부족한 자연자원, 비교적 적은 인구와 같은 단점을 극복하기 위해 '무역'이라는 해법을 찾아낸 데 패권국가의 비밀이 숨어 있다. 특히 교역을 통해 벌어들인 돈으로 최초의 자본주의 패권국가, 최초의 근대경제를 만들어냈다.

네덜란드는 독립국가의 꿈을 이루기 위해 스페인 제국과 80년 전쟁(1568~1648년)을 통해 승리를 일궈냈고 자본의 확대 재투자의 체제를 구축해 강국을 만들었다. 상인이 축적한 부가 영토 획득이나 권력 추구가 아니라 더 많은 부를 축적하기 위한 재투자로 이어지는 새로운 경제체제를 만들어낸 것이다. 이 같은 확대 재투자 체제는 네덜란드를 인류 최초의 상업사회로 만드는 원동력이 됐다.

축적된 자본, 상업적인 토대, 발달된 조선업은 새로운 무역 시장에 눈을 뜨게 했고 해외 식민지 무역의 거점인 근대식 주식회사 동인도회사를 탄생시켰다. 동인도회사는 아시아에서 향료 무역과 역내 무역을 장악하며 네덜란드를 경제의 황금기로 만들었다.

3

근대 패권국가: 영국

영국, 상업사회를 산업사회로 진화시키다

네덜란드의 경제 패권에 도전장을 낸 국가는 영국이었다. 영국은 상업사회를 무너뜨리고 산업혁명을 일으키며 패권국가가 됐다. 네덜란드가 상업혁명을 앞세워 농업혁명으로 패권을 차지한 스페인을 무너뜨렸고 영국이 다시 산업혁명을 앞세워 네덜란드의 패권을 빼앗은 것이다.

영국의 산업혁명은 상업혁명에 과학기술을 더한 것이다. 영국은 18세기 중반부터 19세기 초반까지(약 1760~1820년) 기술 혁신과 제조 공정 기계화를 통해 생산성 혁명을 일으켰다. 영국이 해상을 제패하며 해가 지지 않는 제국을 만든 데에는 네덜란드, 프랑스와의 치열한 경쟁이 큰 몫을 했다. 영국은 두 국가를 상업적, 군사적으로 이기기 위해 과학기술의 활용에 눈을 뜨게 됐고, 그 결과 전 세계 국가 중 유일하게 가장 먼저 상업사회의 한계를 극복하고 산업사회로 진입하는 데 성공할 수 있었다.

네덜란드처럼 단순히 중계무역 중심의 확대 재투자 체제를 유지하는 데 머무르지 않고 증기 기관을 제조업에 활용함으로써 확대 재투자가 아닌 확대 재생산의 방식으로 공급 혁신을 일으켰다. 이는 18세기 면직물의 수요가 급증하자, 부족한 공급을 늘릴 수 있는 방법을 고민한 제임스 와트의 방적기의 발명이 기폭제가 됐다. 면직물 공업은 산업혁명을 주도했고 무수히 많은 기계가 우후죽순 발명됐다. 이때부터 영국은 기계를 앞세워 '해가 지지 않는 나라' 대영제국을 만들며 패권국가로 우뚝 섰다.

영국, 팍스 브리태니카를 만들다

패권을 장악한 영국은 '팍스 브리태니카Pox Britannica', 이른바 영국에 의한 세계평화 시대를 열며 19세기 세계무대를 주름잡았다. '팍스Pax'는 라틴어로 평화를 뜻하는데, 로마 제국이 피정복 민족들을 통치하던 것을 가리켜 '팍스 로마나Pax Romana'라고 한 데서 팍스 브리태니카의 용어가 유래됐다.

18세기 중엽 산업혁명을 성공적으로 이뤄내면서 영국은 산업자본주의의 기틀을 다져 가장 먼저 근대국가로 탈바꿈했다. 국내적으로 경제, 교육, 군사, 사법 등의 제도를 개혁해 국가 경영 체제를 구축한 데 이어 식민지 국가를 중심으로 국가권력을 확장시켰다. 그 결과 18세기까지 신대륙과 동양으로 진출한 데 이어 북아메리카, 서인도 제도, 인도 등의 식민지배 체제를 구축했고 19세기에는 캐나다, 오스트레일리아, 뉴질랜드, 남아프리카 등에 대한 지배 체제까지 확립했다.

그러나 영국의 영광도 19세기 후반부터 시들기 시작했다. 1900년대 이후 독일의 확장정책과 미국의 영향력 증대, 러시아의 약진 등 신흥 강대국들의 등장으로 영향력이 점차 줄기 시작했다. 마침내 2차 세계대전을 승리로 이끈 '팍스 아메리카나Pax Americana'에 자리를 양보하고 말았다.

현재 패권국가: 미국

미국, 모험정신으로 패권을 쟁탈하다

1620년 청교도인들이 종교의 자유를 찾아 메이플라워호에 올라탔다. 그리고 1776년 미국이라는 나라를 건국했다. 미국은 1869~1913년 경이적인 성장률을 보이며 세계 최대 경제 대국으로 떠올라 유럽 자본을 깜짝 놀라게 했다. 미국 위스콘신대 경제학과 교수 멘지 친에 따르면 미국은 이미 1872년에 경제 규모에서 영국을 추월했고 1915년에는 수출 규모까지 따라잡았다.

놀라운 미국의 부흥은 그 원인이 어디에 있을까? 모험을 즐기는 청교도인들의 '벤처정신', 즉 기업가정신에 있다고 볼 수 있다. 수많은 기업인들이 혁신을 일으키며 미국 경제를 도약시켰다. 1879년 백

열전구를 발명한 에디슨은 GE를 창업했고 철도왕 밴더빌트, 석유왕 록펠러, 철강왕 카네기 등이 국부 창출에 앞장섰다.

1900년대 초 자동차 회사 포드를 창업한 헨리 포드는 조립라인 방식의 포드 시스템을 도입해 당시 중산층의 소유물이었던 고가의 자동차를 대중화시켜 자동차왕이 됐다. 컴퓨터와 인터넷 혁명을 일으키며 백색 가전 시대를 연 디지털 제왕 빌 게이츠, 혁신의 왕 스티브 잡스, 온라인 쇼핑의 황제 제프 베조스 등의 거물 기업인들도 탄생했다.

기업가정신과 혁신이 바탕을 이루는 벤처기업과 중소기업들은 미국인들에게 수많은 일자리를 주었고 마이크로소프트, 애플, 구글, IBM, 페이스북, 아마존, 인텔 등은 세계적인 기업으로 도약했다.

미국, 2차 대전 이후 패권국이 되다

2차 세계대전 후 초강대국이 된 미국은 영국의 패권을 무너뜨리고 미국 지배에 의한 세계평화, 즉 '팍스 아메리카나'의 꿈을 이루어 냈다. 미국은 1947년의 마셜 플랜을 통해 유럽이라는 광대한 시장을 미국의 몫으로 만들었고, 미국 경제를 번영의 길로 이끌었다. 또한 전쟁에서 승리한 파워를 앞세워 유럽이 지배하던 식민지에 공격적으로 진출했다. 이른바 공산주의 혁명을 막는다는 명목으로 세계의 모든 국제 문제에 관여하기 시작한 것이다.

2차대전 이후 강력한 라이벌인 소련으로 인해 '팍스 러소 아메리카나Pax Russo-Americana'라는 새로운 용어가 잠시 등장했지만, 1991년 소련의 붕괴로 냉전체제가 막을 내리면서 미국이 세계 권력을 거머쥐었다. 이후 막대한 경제력과 군사력을 앞세워 세계 자본주의 표준을 만들어가는 한편 북핵은 물론 걸프전쟁, 유고슬라비아 내전, 르완다 사태, 코소보 사태 등에 관여해 막강한 정치적 영향력을 행사했다.

미국은 경제력 측면에서 1870년대에 세계 1위에 올라섰고 2차 대전 이후 정치와 군사력 면에서까지 세계 1위가 됐다. 이후 소련이 멸망하면서 1990년대부터 명실공히 세계 유일의 패권국가로 올라섰다.

패권의 비밀, 변화와 혁신이다

김유태 서울대 교수와 김대륜 대구경북과학기술원 교수가 펴낸 《패권의 비밀》(서울대학교출판문화원)에 따르면 패권국가 도약의 비밀은 세상의 변화를 받아들이는 변화와 혁신이다.

16세기 대항해시대에 '농업제국'으로 영화를 누렸던 스페인 제국은 시대 흐름에 맞는 변화를 꾀하지 못해 네덜란드에 패권을 내줘야 했다. 상인들이 세운 나라, 7개 도시의 연합체인 네덜란드는 도전적인 기업가정신을 앞세워 패권국가가 됐다. 세계 무역을 통해 쌓은 부를 활용해 소위 '상업혁명'을 일으키며 17세기를 주름잡았다. 하지만 네덜란드도 변화의 흐름을 놓쳐 패권을 영국으로 넘겨줬다. 상업에 치우쳐 제조업의 발전을 꾀하지 못해 산업혁명을 일으킨 영국에 패권을 빼앗긴 것이다. 영국은 네덜란드의 상업혁명 DNA에 과학기술을 더해 산업혁명을 일으켰고 기계화를 통해 생산성을 향상시켰다.

하지만 또다시 영국의 패권은 다시 미국으로 넘어갔다. 산업혁명을 성공적으로 이끈 영국 자본가들이 생산 현장에서 땀 흘리기보다 기존 부에서 흘러나오는 금융소득에 안주하면서 모험정신을 잃어버렸기 때문이다. 메이플라워호를 타고 신대륙으로 넘어간 미국 청교도들은 기업가정신과 과학기술, 모험정신으로 무장하고 있었다. 이 정신은 오늘날 미국을 초강대국으로 만들어주는 원동력이 됐다.

미래 패권국가: 중국

많은 전문가들은 미국의 패권이 곧 중국으로 넘어갈 것으로 전망하고 있다. 단지 관심사는 언제쯤이냐 하는 '시점'의 문제에 있다.

중국은 1978년 개혁개방을 선언하며 세계화 시대를 열었다. 이후 비약적인 경제성장률을 과시하며 2010년 일본을 앞질러 세계 2위 경제 대국으로 성장했다. 2016년에는 중국의 구매력 기준 GDP가 세계 1등으로 올라섰다. 물가 수준을 동일하게 조정하면 중국의 GDP가 미국의 GDP보다 많아졌다는 뜻이다.

현재의 성장률과 14억 인구가 만들어내는 경제력은 곧 미국을 앞질러 세계 1위가 될 전망이다. 결국 중국이 21세기의 어느 시점에 세계의 패권국이 될 것이라는 분석이다. 팍스 브리태니카, 팍스 아메리카에 이어 팍스 시니카Pax Sinica라는 용어까지 등장했다. 팍스 시니카는 대중화大中華 제국의 도래를 일컫는 말로, 경제학자들은 중국이 세계 최대의 경제 대국이 되면 중화사상을 앞세워 동남아시아, 동북아시아는 물론 세계 질서까지 재편하려고 시도할 것으로 보고 있다.

중국은 역사상 가장 번성했던 시기인 청대의 강희제부터 건륭제 때에 이르는 130여 년을 팍스 시니카를 이룩한 시기로 보고 이때의 황금기를 부활시킬 꿈을 꾸고 있다. 이 당시 중국은 내외몽골, 투르키스탄, 티베트까지 영토를 확장해 역대 어느 왕조보다 넓은 영토와 다양한 문화가 공존하는 다민족 국가의 터를 다졌고, 가장 오랫동안 평화와 번영의 시대를 열었다.

6

미국과 중국, 패권 전쟁이 시작됐다

중국몽, 시진핑이 주도하다

패권국가 경쟁에 불을 지핀 주인공은 시진핑 중국 주석이다. 그는 2017년 5년의 임기를 다시 시작하며 중국인들에게 세계 1등 국가의 비전인 '중국몽'을 제시했기 때문이다. 강대국의 꿈, 패권국가의 꿈을 공개적으로 밝히면서 중국 사람들에게 새로운 비전을 심어준 것이다. 이는 중국이 공개적으로 미국에 도전장을 낸 것이나 마찬가지다.

미국 역시 중국몽 선언을 패권국가를 향한 도전장으로 받아들였다. 트럼프 행정부가 2017년 12월 18일 '국가안보전략 보고서' 발표를 통해 중국을 적대적 경쟁국가로 보고 대처해야 한다는 입장을 분명히 한 것이다. 그리고 7개월 뒤 미국은 중국의 지적재산권 침해와

강제 기술이전 관행을 문제 삼아 대중국 특별관세 폭탄을 투하했다. 미국은 두 차례에 걸쳐 총 500억 달러 상당의 대중 수입품에 25퍼센트 관세를 적용했다. 그리고 두 달 뒤 세 번째 관세 폭탄을 터뜨렸다. 2,000억 달러(약 223조 원) 상당의 대중국 수입품에 대해 10퍼센트 관세를 발효한 것이다. 이로써 미국은 2017년 대중국 수입액의 절반에 달하는 2,500억 달러 제품에 대해 관세를 부과하게 됐다. 중국도 2017년 대미 수입액의 약 70퍼센트에 달하는 1,100억 달러 규모 관세를 발효하며 양국은 전면적인 무역 전쟁에 돌입했다.

미국이 왜 이같이 행동했을까? 중국의 패권국을 향한 도약에 제동을 걸기 위한 것이라는 전문가들의 분석이 지배적이다. 무역 전문가 켄 로버츠는 "지금의 상황이 지난 90년 사이에 있었던 가장 큰 무역 전쟁이다"라고 평가했다.

미국과 중국, 투키디데스의 함정에 빠졌다

미국 하버드대학의 정치학자 그레이엄 앨리슨 교수는 그의 저서 《예정된 전쟁Destined for War》에서 현재의 미국과 중국의 상황을 '투키디데스의 함정'이라고 표현했다. 투키디데스의 함정이란 빠르게 부상하는 신흥 강대국이 자리를 빼앗으려고 위협해올 때 결국 기존 패권국가와 부딪칠 수밖에 없는 상황이 된다는 뜻이다. 고대 그리스의 역사가였던 투키디데스에 따르면 펠로폰네소스 전쟁은 당시 부상하는 신흥 국가였던 아테네에 대해 기존의 지배세력이었던 스파르타가 두려움을 가져 발생한 전쟁이었다는 것이다.

경제적으로는 2014년 이미 미국보다 몸집이 커진 중국의 도전, 헤게모니를 포기할 수 없는 미국, 그리고 이 두 거대 국가를 이끌고 있는 시진핑과 도널드 트럼프 모두 '위대한 국가'를 외치며 충돌하는 상황에서 두 국가의 전면전은 불가피하다는 게 앨리슨의 진단이다.

100년 강국과 100년의 꿈이 충돌하다

미국은 중국의 부상을 그냥 두고 볼까? 글로벌 전문가들은 패권국가인 미국이 2위 국가를 다루는 법칙이 있다고 분석한다. 냉전시대에 소련이 미국 GDP의 40퍼센트를 넘어서며 미국을 위협하자 미국은 해체 작업을 통해 소련을 무력화시켰다. 소련에 이어 G2로 등장한 일본이 미국 GDP의 45퍼센트를 돌파하자, 이번에는 플라자 합의를 통해 일본을 좌초시켰다. 2010년 일본을 제치고 중국이 G2 국가로 부상한 데 이어 2018년 중국의 GDP가 미국의 69퍼센트를 돌파하자 미국은 관세 폭탄으로 중국을 저지하기 시작했다.

중국은 1921년 공산당을 창당하면서, 그리고 1949년 사회주의 신중국을 건설하면서 두 개의 100년 꿈을 설계했다. 창당 100주년인 2021년에 중진국에 도달하고, 건국 100주년인 2049년에 세계 유일의 슈퍼강국으로 올라선다는 계획이다. 지금 미국과 중국의 무역 전쟁은 '100년 강대국 미국'과 '중국 100년의 꿈'이 충돌하고 있는 것이다.

PART 3

세계의 공장, 혁신 메카가 되다

CHINA DREAM

'지' 혁명이 온다

왜 지智 혁명인가

MBN 중국보고서팀은 중국의 괄목할 만한 성장의 비결을 4차 산업혁명으로 지목하고, 그 핵심에 지智가 자리하고 있다고 분석했다. 지혜 지智는 두 가지 방향으로 해석할 수 있는데, 하나는 세상을 밝게 두루 안다(知+日, 날 일)는 의미이고 다른 하나는 아는 바를 말하여 드러낸다(知+曰, 가로 왈)는 의미다.

두 가지 의미를 종합하면 '세상에 관한 지혜를 쌓아 이를 널리 적용한다'는 의미가 나온다. 이를 우리나라에서 부르는 말이 곧 4차 산업혁명인 셈이다. 사물인터넷, 인공지능, 빅데이터, 클라우드 컴퓨팅 등이 생활 곳곳, 모든 산업에 스며들어 생산성을 높이는 것이 4차 산업혁명이기 때문이다.

중국에서는 영어 단어 Smart(똑똑한), Intelligent(지능이 있는) 등을 모두 '지智'로 번역하고 있다. 대표적인 예로, 중국에서는 스마트폰을 지능수지智能手机라고 부른다. 인공지능人工智能도 마찬가지다. 4차 산업혁명 시대를 맞아 제조업을 부르는 용어도 지혜를 담아 제조한다는 의미의 '지조智造'로 바뀌고 있다. 지조를 실현하기 위해 중국이 벌이고 있는 두 개의 '지' 혁명을 벌이고 있다. 바로 '중국제조 2050' 정책과 '인터넷 플러스' 정책이다.

2025년, 세계 최강의 제조 강국을 꿈꾼다

중국은 현재 세계 1등 '제조 강국'을 향해 달리고 있다. 세계의 공장이 아닌 세계 제조업 혁신의 중심지이자 거점이 되어 전 세계에 혁신 제품을 공급하겠다는 꿈을 꾸고 있다. 이 목표가 바로 2015년 5월 18일 전 세계에 내놓은 '중국제조 2025' 정책이며, 이 정책이 바로 첫 번째 '지' 혁명이다.

핵심 목표는 양적 성장을 버리고 질적 성장으로 승부하라는 것이다. 그런데 영국, 프랑스, 한국과 함께 제조업 종합경쟁력 3위 그룹인 중국이 2025년 2위 그룹인 독일, 일본과 어깨를 나란히 하는 수준에 도달한 뒤 2035년에는 이들 국가를 추월하고 2045년에는 세계 1등 제조 강국인 미국을 제치고 제조업 최강국이 될 목표를 제시했다.

제조업 종합지수를 기준으로 현재 제조업 최강국은 미국이다. 두 번째 강국 그룹은 독일과 일본, 세 번째 그룹은 중국, 영국, 프랑스, 한국 등이다. 제조업 종합지수는 규모, 경쟁력, 품질과 브랜드 파워, 산업의 효율성과 수익률, 산업 구조 최적화, 최적화, 혁신 능력, 녹색발전, 정보화 수준 등을 종합적으로 고려한 국제지표이다.

제조업 종합지수의 주요 지표

분류	지표	비고
규모 발전	제조업 부가가치 규모	규모 총량
	세계 제조업 수출에서 차지하는 비중	규모경쟁력
품질 및 효율	수출 제품의 리콜 통보 지수	제품 품질 수준
	자국 제조업이 지닌 세계 유명 브랜드 수	
	제조업 부가가치율	산업 효율
	제조업 노동생산성	
	고기술 제품 무역경쟁력 우위 지수	산업 수익률
	영업이익률	
구조 최적화	세계 전체 기초산업 부가가치에서 차지하는 비중	국제산업 구조 최적화
	포춘 500대 기업에서 자국 기업의 매출액이 차지하는 비중	
	제조업 부가가치 중 장비제조업이 차지하는 비중	국내산업 구조 최적화
	대표 산업의 산업 집중도	
지속 발전	제조업 단위 부가가치당 발명특허 등록 건수	혁신 능력
	제조업 연구개발 투입 강도	
	제조업 종업원에서 연구 인력이 차지하는 비중	
	제조업 단위 부가가치당 에너지 소모량	녹색발전
	공업 고체폐기물 종합이용률	
	네트워크준비지수(NRI)	정보화 수준

자료: 中国工程院战略咨询中心 机械科学研究总院, 「2015中国制造强国发展指数报告」, 2016. 5.

중국제조 2025의 주요 지표

분류	지표	2015년	2020년	2025년
혁신 역량	일정 규모 이상 제조업체 매출액 대비 R&D 지출 비중(%)	0.95	1.26	1.68
	일정 규모 이상 제조업체 매출 1억 위안당 발명특허수(건)	0.44	0.7	1.1
질적 성과	제조업 품질경쟁력 지수[1]	83.5	84.5	85.5
	제조업 부가가치 증가율 제고	-	2015년 대비 2.0%p 증가	2015년 대비 4.0%p 증가
	제조업 노동생산성 증가율(%)	-	7.5[2]	6.5[3]
IT 제조업 융합	인터넷 보급률[4](%)	50	70	82
	디지털 R&D 설계도구 보급률[5](%)	58	72	84
	핵심 공정 CNC 비중[6](%)	33	50	64
친환경 성장	일정 규모 이상 기업의 산업생산량 단위당 에너지 소모 감축 비율(%)	-	2015년 대비 18% 감축	2015년 대비 34% 감축
	산업생산량 단위당 이산화탄소 배출 감축 비율(%)	-	2015년 대비 22% 감축	2015년 대비 40% 감축
	산업생산량 단위당 수자원 사용 감축 비율(%)	-	2015년 대비 23% 감축	2015년 대비 41% 감축
	공업용 고체폐기물 사용률(%)	65	73	79

자료: 〈중국제조 2025〉, 강지연(2015. 6), "중국제조 2025 전략: 2049년 제조업 세계 최강을 겨냥한 그랜드플랜", 〈KIET산업경제〉, 산업연구원.

주: 1) 중국 제조업의 수준을 평가한 경제·기술 종합지수
2) 13차 5개년 계획 기간(2016~2020) 중 연평균 증가율
3) 14차 5개년 계획 기간(2021~2025) 중 연평균 증가율
4) 인터넷 보급률은 유선 인터넷 보급률을 의미. 유선 인터넷 보급률=유선 인터넷 사용 가구수/총 가구수
5) 디지털 R&D 설계도구 보급률=디지털 R&D 설계도구를 보유한 규모 이상 기업수/총 규모 이상 기업수(샘플조사 기업수: 3만 개)
6) 핵심 공정 CNC 비중은 일정 규모 이상 기업의 핵심 공정 CNC 비중의 평균치

세계 최강 제조국이 되기 위한 목표까지 매우 구체적이란 점이 놀랍다.

정부 목표 제시…기업과 시장이 선도한다

중국제조 2025에서 본받아야 할 점은 정부는 목표만 제시하고 이를 달성할 수 있도록 지원만 한다는 점이다. 따라서 혁신은 기업이 주체가 되고 시장이 주도해서 목표를 달성해야 한다는 행동강령까지 제시하고 있다.

정부가 제시한 중요한 방법론은 산업계·학계·정부·연구기관이 서로 결합해 제조업을 다시 태어나게 하는 '산학관연 혁신 시스템'이다. 주요 핵심 기술 연구개발, 혁신 설계능력 향상, 우수 과학기술의 산업화, 제조업 혁신 국가지원 시스템 완비, 표준화 시스템 구축, 지식재산권 보호 등 정부가 해야 할 일들을 매우 구체적으로 설정하고 있다.

한 걸음 더 나아가 구체적으로 산업의 기초 및 공통 기반 기술 연구개발, 연구 성과의 산업화, 인재 육성 등의 업무를 담당할 제조업 혁신센터(공업기술연구기지)를 2020년까지 15개, 2025년까지 40개 건설해 기업들의 비즈니스를 전방위적으로 지원하겠다고 약속하고 있다.

제조업의 화두는 정보화와 공업화의 융합

중국 제조업의 특징은 제조업과 ICT(정보통신기술)을 결합해 미래형 공장으로 탈바꿈시키고 있다는 사실이다. 이를 중국은 '정보화와 공업화의 융합'으로 표현한다. 이를 통해 중국 내 모든 공장들이 차세대 정보기술과 제조기술을 융합시켜 '스마트 팩토리'로 진화하고 있다. 따라서 스마트제조 발전 전략 수립, 스마트제조 장비와 제품 개발, 제조 과정의 스마트화, 제조 영역 사물인터넷IoT화 등을 통한 생산성 향상과 효율화가 최대 관심사가 되고 있다.

목표 또한 구체적이다. 주요 시범 프로젝트 분야에서 2020년까지 비용 30퍼센트 절감, 제품 생산주기 30퍼센트 단축, 불량률 30퍼센트 줄이기, 2025년까지 비용 50퍼센트 절감, 제품 생산주기 50퍼센트 단축, 불량률 50퍼센트 줄이기를 목표로 제시하고 있다.

핵심 부품 소재 집중 개발…수입품 70퍼센트 국산화

중국은 한국과 일본, 미국, 독일 등 수입에 의존하고 있는 핵심 기초부품, 선진 기초제조기술, 핵심 기초재료, 산업기술 기초 등 4가지 공업 기초능력 강화를 정부 차원에서 추진하고 있다. 수요를 미리 확보해 소재와 부품을 개발하고 '협동 혁신'을 통해 수입에 의존하는 부품들을 자체 기술로 개발하는 전략을 사용하고 있다. 특히 시범사용과 제품의 응용을 장려하고 새로운 부품 사용으로 발생할지 모를 리스크를 정부가 떠안아주기 위해 '위험보상 시스템'까지 만들어 적극적으로 이들 부품의 활용을 독려하고 있다.

이를 통해 중국은 2020년 핵심 기초부품 소재의 40퍼센트를 국산화해 우주장비, 통신설비, 발전설비, 건설기계, 철도차량 및 장비, 가전 등 산업에서 긴급하게 필요로 하는 핵심 기초부품 소재의 선진 제조기술을 자주화할 방침이다. 나아가 2025년 핵심 기초부품 소재의 70퍼센트를 국산화해 무려 80종에 달하는 선진국형 제조기술을 중국 기술로 대체할 방침이다.

이렇게 되면 이들 부품을 수출하는 한국 등 주요 수출 국가들이 집중 타격을 입게 된다.

공장, 친환경 공간으로 탈바꿈

중국이 '공장의 친환경화'를 집중 추진하고 있다. 선진 에너지 절약 및 환경보호 기술을 개발해 '녹색제조공장'으로 업그레이드하겠다는 구상이다. 이를 위해 저탄소화, 자원의 순환화와 집약화, 제조업 자원 이용효율화, 제품 전체 라이프 사이클의 녹색관리시스템 구축, 고효율, 청결, 순환의 녹색제조시스템 구축 등을 중점 과제로 추진하고 있다.

이를 위해 2020년까지 1,000개의 녹색시범공장과 100개의 녹색시범구역을 건설해 일부 중화학공업의 에너지 자원 소비에 있어 변곡점이 나타나도록 하고 중점 산업의 주요 오염물질 배출을 20퍼센트 가량 줄일 방침이다. 나아가 2025년까지 제조업의 녹색발전과 주요 제품 단위당 원자재 소모 등을 세계적 수준으로 끌어올려 녹색제조시스템을 기본적으로 완성할 계획이다.

10대 전략산업으로 미국 이긴다

중국제조 2025에서 가장 주목할 사항은 10대 전략산업의 육성이다. 이 10대 미래 산업을 집중 육성해 미국을 이기는 '산업 강국'을 만들 꿈을 꾸고 있다. 구체적으로 10대 전략산업은 차세대 정보기술

중국제조 2050의 10대 신산업 발전계획

산업		주요 내용
차세대 정보기술	반도체	반도체 설계 수준을 향상. 지식재산권(IP)을 보유한 핵심 설계설비 확대. 국가정보 및 인터넷 보안 유지, 전자제품 산업 발전에 필요한 핵심 칩 국산화 사용 확대. 고밀도 패키징 및 3D 마이크로 패키징 기술을 개발하여 패키징 산업 발전과 테스트 역량 강화를 도모. 핵심 제조설비를 안정적으로 공급
	정보통신	신형 PC, 초고속 인터넷, 첨단메모리, 체계적인 보안시스템 등의 핵심 기술을 개선하여 5세대 모바일통신기술, 첨단 라우팅기술, 초고속 대용량 스마트 광전송기술 등을 발전. 첨단서버, 대용량 메모리, 신형 라우팅, 신형 스마트 단말기, 차세대 기지국, 인터넷 보안 장비 등을 개발
	OS 및 산업용 S/W	보안 관련 OS 등 산업용 S/W를 개발. 스마트 디자인 및 시뮬레이션 설비, 사물인터넷, 산업용 빅데이터처리 등 첨단산업용 S/W기술을 발전. 첨단산업 S/W 플랫폼과 응용 애플리케이션을 개발. 산업용 S/W 통합표준과 보안 테스트 시스템을 구축
고정밀 수치제어 및 로봇	고정밀 수치제어	고정밀, 고속, 고효율 수치제어, 기초 생산설비 및 통합생산시스템을 개발. 고정밀 수치제어, 적층 가공(Additive Manufacturing) 등 첨단기술 및 설비 R&D 강화. 고정밀 수치제어 시스템, 서보모터, 베어링, 래스터 등 주요 기능성 부품과 응용 애플리케이션을 개발 및 상용화. 사용자 프로세스 인증 역량을 강화
	로봇	자동차·기계·전자·위험물 제조·국방·화학공업·경공업 등의 산업용 로봇과 헬스케어·가사·교육·엔터테인먼트 등의 특수용 로봇의 신제품 개발을 확대. 로봇의 표준화 및 모듈화 발전을 추진. 로봇의 응용범위 확대. 로봇 본체, 감속기, 서브모터, 제어기, 센서, 구동기 등 핵심 부품 및 시스템 통합설계 제조 등을 발전
항공우주 장비	항공장비	대형 항공기 및 기체 확장형 기종을 연구·생산. 중형 헬리콥터 생산을 위해 국제협력을 강화. 간선 및 지선 항공기, 헬리콥터, 무인기 등의 상용화를 도모. 고추진력중량비, 첨단터보 프롭 엔진, 고바이패스비 터보팬 기술을 개발. 항공기 탑재장비 및 시스템을 개발. 자체 생산이 가능한 항공산업 사슬을 구축
	우주장비	차세대 탑재로켓, 중형 우주발사체를 개발하는 등 우주비행산업 경쟁력을 제고. 인공위성, 페이로드, 초고속 인터넷망 등 인프라를 구축하고 원격탐사위성, 통신, 네비게이션 등 항공정보 역량을 강화. 유인 우주비행 및 달 탐사 프로젝트를 추진하고 심우주 탐사를 실시. 우주비행기술의 상용화 및 우주기술 응용을 확대

해양장비 및 첨단기술 선박	심해탐사, 자원 개발 · 이용, 해양 안전장비 및 시스템 발전을 추진. 해저정거장, 대형 부유식 구조물을 구축. 해양플랜트설비 테스트, 모니터링, 검증 역량을 강화하고 해양자원의 개발 · 이용 수준을 제고. 크루즈선 설계 · 건조 기술 수준 향상. LNG선박 등 최첨단 선박의 글로벌 경쟁력을 강화. 보조 장비 통합, 지능화, 모듈화 관련 기술을 확보
선진 궤도교통설비	신소재, 신기술, 신공법을 응용. 보안시스템, 에너지 절감 및 환경보호, 디지털 및 스마트 네트워크 기술을 발전. 친환경, 스마트, 고속 대용량 궤도교통설비 시스템을 구축. 궤도교통산업을 세계적인 수준으로 발전
에너지 절약 및 신에너지자동차	전기 자동차, 연료전지 자동차를 지속적으로 발전. 자동차의 저탄소 · 정보화 · 스마트화 기술을 보유. 동력전지, 모터드라이브, 고효율 내연기관, 첨단 변속기, 경량소재, 스마트제어 등 핵심 기술 상용화를 추진. 핵심 부품 등을 포함한 완성차 생산시스템을 완비. 중국산 에너지 절약 및 신에너지자동차 수준을 글로벌 수준으로 제고
전력설비	대규모 고효율 · 청정 화력발전의 상용화 및 시범응용을 추진. 대용량 수력발전, 원자력발전, 중형 가스터빈 제조 수준을 제고. 신재생에너지설비, 첨단 에너지저장장치(ESS), 스마트그리드 송전 · 변전 등을 발전. 고성능 전력전자부품, 고온 초전도소재 등 핵심 소자 및 부품의 응용기술을 향상시키고 상용화를 추진
농업기계장비	곡물 · 목화 · 기름 · 설탕 등의 식량, 경제작물의 파종 · 재배 · 수확 · 운반 · 저장 등 주요 생산 과정에서 쓰이는 농업기계장비를 발전. 대형 트랙터, 복합 작업기, 대형 수확기 등 첨단 농업기계장비 및 핵심 부품의 발전을 추진. 농업기계장비에 대한 정보수집, 의사결정, 정밀작업 역량을 강화하고 농업 생산성 증대를 위한 정책을 마련
신소재	특수금속 기능성소재, 고성능 구조재료, 기능성 고분자소재, 특수무기질 비금속재료, 첨단복합소재를 중점적으로 발전. 최첨단 정련 · 응고 · 성형기술, 기상증착, 소재가공, 고효율 합성 등 신소재 생산에 필요한 기술 및 설비를 개발. 기초연구 기반 강화 및 상용화 확대. 군 · 민용 특수신소재를 개발, 상호 기술이전을 촉진하여 신소재산업의 군 · 민 융합발전을 추진. 초전도소재, 나노소재, 그래핀, 바이오 기초소재 등 전략적 최첨단소재를 개발하여 기초소재 경쟁력을 강화
바이오의약 및 고성능 의료기기	중증질환을 대상으로 한 화학의약품, 중의약품, 바이오의약품을 개발. 의료기기 혁신성 및 상용화 수준을 제고. 영상장비 · 의료용 로봇 등 고성능 진료장비 및 혈관 내 완전분해 스텐트 등 고부가가치 의료용 소모품을 개발. 웨어러블, 원격진료 등 모바일 의료서비스에 필요한 제품을 개발. 바이오 3D 프린터 등 첨단기술을 개발 및 응용 확대

자료: 〈중국제조 2025〉, 강지연(2015. 6), "중국제조 2025 전략: 2049년 제조업 세계 최강을 겨냥한 그랜드플랜", 〈KIET산업경제〉, 산업연구원.

산업(반도체, 정보통신, OS 및 산업용 S/W), 첨단 NC 공작기계 및 로봇, 항공우주장비, 해양플랜트 및 고기술선박, 선진 궤도교통장비, 에너지 절약 및 신에너지자동차, 전력장비, 농업기계, 신재료, 바이오의약 및 고성능 의료기기 등이다.

중국의 전략은 이 신산업들을 통해 세계적인 주도권을 확보하는 것이다. 선진국의 '하청' 역할에서 벗어나 제조업을 선도하는 국가가 되겠다는 강력한 의지의 표출이다. 이를 위해 중국은 2011년 12차 5개년 계획부터 '신산업육성'으로 성장의 패러다임을 완전히 전환했다. 기존 산업으로 미국, 일본, 한국과 경쟁하지 않겠다는 것이다. 기존 산업은 이미 오랜 기간에 걸쳐 축적된 기술 노하우와 장벽이 높기 때문에 불필요하게 이들 산업을 추격하지 않겠다는 전략이다.

대신에 선진국도 시작 초기 단계에 있는 신산업으로 세계 1등이 되겠다는 구상이다. 중국은 이 같은 목표를 설정한 뒤 2010년 9월 8일 중국국무원 상무회의에서 '전략형 신흥 산업 육성 및 발전에 관한 국무원 결정'을 통해 신산업 육성 전략을 본격화하고 있다.

'공급측 개혁'으로 경쟁력 높인다

중국은 기업 구조개혁을 통해 비효율 기업들을 퇴출시키고 있다. 국유기업의 과다한 부채를 줄이고 굴뚝산업의 과잉설비에 대한 대대적인 구조조정을 추진 중이다. 특히 좀비기업을 대거 퇴출시키고 있다. 과다한 기업들의 부채가 은행 부실을 초래하고 나아가 경제를 위축시킨다는 진단에 따른 것이다.

이 같은 공급측의 대규모 구조조정을 중국은 '공급측 개혁'이라고 한다. 공급 부문의 비효율을 제거해 중국 산업과 기업의 경쟁력을 강화하겠다는 것이 공급측 개혁의 핵심이다. 여러 개로 난립되어 있는 업체들을 소수 정예화하여 글로벌 기업으로 육성하겠다는 구상이다.

시진핑 주석이 2015년 11월 처음 언급한 이래 공급측 개혁은 국가 경제정책의 핵심 기조가 됐다. 과잉생산설비 해소, 기업의 원가 절감, 부동산 재고 해소, 금융 리스크 최소화, 유효공급 확대 등을 5대 정책으로 추진 중이다.

창업을 통해 질적 성장과 산업 혁신

중국은 창업 대국을 지향하고 있다. 질적 성장의 하나로 창업을 통해 산업 구조를 혁신하고 혁신 성장을 꾀하겠다는 구상이다. 이를 위해 리커창 총리는 누구나 창업이 가능한 환경 조성, 모든 사람이 혁신의 주체가 된다는 내용의 '대중창업, 만인혁신'이라는 슬로건을 제시했다. 이어 '창업공간 발전을 통한 대중혁신 창업 촉진에 관한 지도 의견'과 '대중창업, 만인혁신 장려정책조치에 관한 의견'을 통해 창업을 집중 지원하고 있다.

13차 5개년 계획에서는 '대중창업, 만인혁신'과 더불어 기술 기반의 창업자를 뜻하는 촹커創客(스타트업) 육성을 특히 강조하고 있다. 이를 위해 17개 지역, 4개 대학연구소, 7개 기업 등 총 28개의 창업 인큐베이팅 시범기지를 구축해 지원하고 있다. 중국의 혁신 창업 플랫폼 역할을 하고 있는 과학기술 창업 인큐베이팅科技企业孵化器 센터는 중국 전역에서 3,300여 개가 운영 중이고, 성공적으로 졸업한 기업만 7만 4,838개에 달한다.

젊은이들 '촹커'로 변신, 제2의 마윈 꿈꾼다

중국은 창업을 통해 알리바바의 창업자인 '제2의 마윈'을 꿈꾸는 젊은이들로 넘쳐난다. 이른바 스타트업 창업자들을 뜻하는 신조어 '촹커'로 불리는 게 큰 영예가 되고 있다. 촹커는 창조를 뜻하는 '촹'과 사람을 뜻하는 '커'가 합쳐진 말로 중국의 성장을 이끄는 원동력이 되고 있다. 마윈馬雲 알리바바 회장, 마화텅馬化騰 텐센트 회장, 런정페이任正非 화웨이 회장 등 창업 우상들의 성공 신화를 누구나 만들

중국 국가 과학기술 기업 인큐베이터 13.5 발전 주요 계획

목표	주요내용
새로운 중개기관 체제 구축	- 창업보육 매개체 1만 개, 국가급 인큐베이터 1,500개, 국가 등록 대중창업공간 3,000개 이상 - 30% 국가급 인큐베이터 과기창업 보육사슬 구축 - 전문 인큐베이터 40% 이상, 특화 대중창업집결구 조성
인큐베이팅 성과 향상	- 신규 인큐베이팅 창업기업과 창업단계 20만 개, 졸업 기업은 5만 개 달성 - 인큐베이팅 기업 R&D 투자 누계 1,000억 위안 이상, 유효 지식재산권은 20만 건 이상 - 일자리 300만 개 이상 창출, 대학생 창업 50만 명, 성장기업 2,000개 이상 달성
서비스 능력 제고	- 국가급 인큐베이터와 국가 등록 대중창업공간 중 50% 이상은 창업 투자기능 확보, 60%는 공공기술 서비스 플랫폼 구축 또는 공유
개방 수준 확대	- 유학생과 해외 창업자 10만 명 중국 내 창업 유치, 해외 인큐베이팅 기관 100개 유치, 해외 인큐베이팅 기관 100개 설치

자료: 중국 과학기술부

중국 기술창업 인큐베이팅센터 운영 현황(2015)

인큐베이팅센터(개)		졸업기업수(개)	창업인재(천인계획, 명)	창출된 일자리(명)
전체	2,530	74,838	1,350	1,650,000
국가급	736			

자료: 중국 과학기술부

어낼 수 있기 때문이다. 이 같은 창업 열풍 뒤에는 범죄나 사회적 물의를 일으키는 상품이나 서비스만 아니면 무엇이든 할 수 있도록 허용해주는 정부 정책이 큰 몫을 하고 있다.

'인터넷 플러스(+)'로 4차 산업혁명 선도

"모든 전자기기에 인터넷을 더하라." 지난 2015년 3월 리커창 총리가 제시한 '인터넷 플러스' 정책이 중국을 4차 산업혁명 주도 국가로 변신시키고 있다. 인터넷 플러스는 모바일 인터넷, 빅데이터, 사물인터넷, 클라우드 컴퓨팅 등을 제조업과 융합시켜 전자상거래, 인터넷 금융 등을 발전시키고 새로운 비즈니스 모델을 만들어내는 전략이다. 특히 인터넷 플러스 정책을 통해 산업과 사회 전 분야에 4차 산업혁명 관련 기반 기술이 접목되도록 독려하고 있다. 인터넷 플러스가 중국이 일으키고 있는 '지' 혁명의 두 번째 핵심 정책이다.

중국은 인터넷 플러스 정책의 실효성을 높여 '지' 혁명을 일으키기 위해 11개 중점 분야를 선정했다.

우선 '인터넷 + 창업·혁신' 정책이다. 창업과 혁신이 이뤄질 수 있

2018년 인터넷 플러스 발전 목표

영역	구체적 목표
경제 발전	- 인터넷을 통한 제조업, 농업, 에너지, 환경보호 산업 분야의 업그레이드와 노동생산성 제고 - 전자상거래 및 인터넷 금융 육성
사회 발전	- 헬스의료, 교육, 교통 등 민생 분야에서의 인터넷 응용 확대 - 공공서비스의 온·오프라인 통합 및 서비스 다각화
기초 인프라	- 광대역, 차세대 이동통신망 구축 - 사물인터넷, 클라우드 컴퓨팅 등 신형 인프라 시설 구축 - 인공지능 기술의 산업화 촉진
환경 조성	- 인터넷 융합 혁신에 대한 인식 제고 - 관련 기준, 규범, 신용체계, 법률법규체계 완비

도록 인터넷을 활용해 개방적 혁신이 일어날 수 있도록 환경을 구축해주는 일이다. 이를 위해 소규모 기업이나 스타트업이 대형 IT 기업의 경영 자원을 공유할 수 있도록 하는 한편, 소규모 기업을 위한 인터넷 기반 공공서비스 플랫폼을 구축해주고 있다. 창업자에게 저비용·고효율의 업무 공간과 커뮤니티 공간을 제공하는 데에도 앞장서고 있다.

'인터넷 + 제조' 정책은 인터넷 기반 스마트 제조 및 맞춤형 제조 시스템을 구축하는 일이다. 나아가 제조업의 네트워크화와 서비스화를 지향하고 있다. 클라우드 컴퓨팅, 사물인터넷, 산업용 로봇, 장비의 스마트화, 빅데이터화 등이 중요 추진 과제이다. 생산·품질관리·운영관리 시스템의 온라인화를 통한 업무 효율화, 고장 예측, 원격관리, 품질진단 등에 대한 온라인 서비스 역시 중요한 추진 과제이다.

'인터넷 + 농업' 정책은 새로운 농업 생산·경영 시스템을 구축하고, 정밀화된 생산방식을 도입해 '온라인 농업' 서비스를 구현하는 일이다. 이를 통해 생산 지향적 농업 생산방식에서 소비 지향적 방식으로 전환하고 농업 제품의 유통·판매 방식을 온라인으로 전환한다. 농부산물과 농자재에 대한 품질안전 추적 시스템과 재난경보, 중대 동식물 질병 예방을 위한 농업정보 모니터링 시스템 구축도 중요 추진 과제이다.

'인터넷 + 에너지' 정책은 에너지 생산과 관리를 스마트하게 개혁하는 일이다. 이를 통해 에너지 생산 관측·제어, 관리, 정보 분배에 대한 시스템을 구축함과 동시에 에너지 이용 효율을 높이는 방안을 모색하고 있다.

'인터넷 + 금융' 정책은 인터넷 금융 서비스 플랫폼을 건설하고, 인터넷을 이용한 금융기관의 서비스 범위를 확대해 인터넷 금융 서비스를 혁신하는 일이다.

'인터넷 + 민생' 정책은 인터넷 기반의 공공서비스 체계를 구축하고, 대중 편의 서비스 체계를 혁신하는 일이다. 온라인 의료 위생 시스템 구축, 스마트 건강 양로산업 활성화, 정부와 국민 간의 커뮤니케이션 촉진 등을 통한 공공서비스 혁신이 중요 과제이다.

'인터넷 + 물류' 정책은 물류정보 공유 시스템과 스마트 창고저장 시스템을 구축하고, 스마트 물류 분배·배송 시스템을 완비하는 일이다.

'인터넷 + 전자상거래' 정책은 농촌의 전자상거래를 활성화하고, 전통 산업과 전자상거래의 결합을 촉진함과 동시에 전자상거래의 응용 혁신을 촉진하는 일이다.

'인터넷 + 교통' 정책은 교통·운송 서비스의 품질을 개선하고, 교통·운송 자원의 이용을 효율화하는 일이다. 인터넷 플랫폼을 통한 실시간 교통정보 제공, 온라인 매표 서비스, 스마트 주차 서비스 등이 주요 과제이다.

'인터넷 + 생태환경' 정책은 자원환경 현황 모니터링을 강화하고, 스마트 환경보호를 촉진, 폐자원 회수·이용 시스템과 폐기물 온라인 거래 시스템을 구축하는 일이다.

'인터넷 + 인공지능' 정책은 인공지능을 이용해 미래 산업 발전을 도모하고, 스마트 음성처리, 바이오인식, 자연언어해석, 신형 휴먼컴퓨터 등 인공지능의 핵심 기술을 산업화하는 일이다.

2

‘지’ 혁명이 바꾼 중국의 생활혁명

혁신 기업들, 미래 사회 앞당기다

중국 정부가 ‘중국제조 2025’ 정책과 ‘인터넷 플러스’ 정책을 앞세워 일으키고 있는 ‘지’ 혁명은 중국을 전 세계에서 가장 빠르게 미래형 국가로 탈바꿈시키고 있다. 나아가 기업들을 모방자에서 개척자로 변신시키며 실리콘 밸리를 위협하는 혁신의 선구자로 바뀌고 있다. 이 같은 변화는 놀라운 생활혁명을 일으키고 있다.

‘하늘을 나는 택시’가 나타났다. 중국 유니콘 기업 이항이 개발한 자율주행 드론 택시는 조종사 없이 승객만 태우고 300미터 높이에서 서울 잠실에서 광화문까지의 거리를 9분 만에 비행함으로써 교통체증 없는 이동 혁명을 예고하고 있다. 땅에서는 비야디가 이끄는 자동차 혁명이 진행 중이다. 자체 보유한 배터리 기술로 승용차는 물론 버스, 화물차, 쓰레기수거차까지 전 차종을 생산하는 비야디는 2030년까지 중국의 모든 차를 전기차로 바꾸겠다는 목표를 가지고 있다.

중국인들은 더 이상 지갑이 필요 없다. 알리페이 앱이 깔린 스마트폰만 있으면 재래시장이나 길거리 노점상, 각종 교통수단은 물론 공과금과 과태료까지 QR코드로 결제할 수 있기 때문이다. 인류 최초의 '현금 없는 사회'가 탄생할 날이 머지않았다.

배달천국, 공유경제의 메카 만든다

중국인들의 일상생활에 꼭 필요한 또 하나의 필수 앱은 바로 메이퇀디엔핑(이하 메이퇀)의 음식배달 앱이다. 메이퇀은 등록된 270만 개 업체의 음식을 하루에 1,000건 이상 배달하며 중국인들의 식탁 풍경을 빠르게 바꿔놓고 있다.

최근 중국은 공유경제의 메카로 급부상 중이다. 세계 2위 유니콘 기업 디디추싱의 차량 공유 서비스를 시작으로 자전거, 우산, 휴대폰 배터리, 농구공, 거실과 부엌까지 공유경제 서비스는 상상 가능한 모든 분야로 확산되며 '무소유경제'라는 신세계를 열고 있다.

기술로 세상의 흐름을 바꾸고 있는 중국 기업들. 어쩌면 세계에서 가장 먼저 미래가 시작되는 나라는 중국인지도 모른다.

3

'지' 혁명이 탄생시킨 중국 혁신 1번지 '선전'

선전, 중국 개혁개방 40년의 상징이 되다

중국이 일으킨 '지' 혁명은 선전을 개혁개방을 상징하는 도시로 만들어주었다. 선전에서도 화창베이華强北가 '지' 혁명의 본산지 역할을 한다. 세계 최대 전자상가인 이곳은 '지구상 어떤 제품도 베껴낸다'는 선전만의 제조경쟁력의 상징이 됐다. 하루 평균 1,512개의 회사가 창업되어 연간 신규 상업등기를 하는 기업이 55만 2,000개에 달한다. 특허만 하루에 50개씩 쏟아내고 있다.

덩샤오핑이 1978년 12월 개혁개방을 선언할 당시 선전은 3층을 넘어서는 건물이 없는 인구 3만의 극빈한 어촌이었지만, 지금은 100미터가 넘는 마천루만 1,000곳을 거느린 인구 1,200만의 거대 도시로 탈바꿈했다.

청년 기업인들의 창업 붐, '지' 혁명 일으키다

선전의 선순환 산업 생태계를 지탱하는 핵심은 인재다. 개혁개방 초기에 공장과 건설 현장에서 땀을 흘렸던 여공과 노동자들이 이민 1세대였다면, '선전 드림'을 좇아 온 고학력자들이 '지' 혁명의 주체였다. 한 해 55만 명이 넘는 대졸 이상의 젊은 인재가 몰려들어 '지' 혁명에 동참했다. 2017년 선전 거주자의 평균 연령은 32.5세에 불과하다.

개혁개방 이후 누적 309만 4,000개의 기업이 창업했다. '인재 인증 제도'를 도입해 창업자라면, 아이디어만 있다면 몸만 와도 되도록 했다. 법인 등기부터 각종 등록 업무, 지식재산권 보호 업무까지 전 과정을 선전시 정부가 대행해준다. '지' 혁명이 저절로 일어날 수밖에 없는 구조를 만든 것이다.

선전은 '지' 혁명의 실험장

선전은 '지' 혁명을 일으키는 거대한 실험장 역할을 하고 있다. 선전국제공항 보안검색대 앞에 서서 신분증을 판독기에 올려놓으면 모니터에 이름과 직업, 생년월일 등이 자동으로 뜬다. 안내에 따라 카메라를 응시하면 신분증 사진과 실물 모습의 일치율을 따져 본인을 식별해 보안검색대 문이 열린다. 뒤이어 나타난 모니터에는 "화면을 보고 활짝 웃으세요"라는 문구가 나온다. 그러면 오전 10시 서울로 가는 '대한항공 KE8280'이라는 정보가 뜬다.

AI는 이미 공항 보안과 교통체증을 해결하는 '지' 혁명의 산파역이 되고 있다.

선전국제공항은 안면인식 기술과 물류 개선 조치 도입 등을 통해 승객들의 비행 전 대기시간을 15퍼센트 감소시켰다. 또 교통량과 보행자 패턴을 분석해 체증을 최소화하는 지능형 교통시스템을 구축해 차량 이동 속도를 15퍼센트나 빨라지게 했다.

‘지’ 혁명의 꿈 ①:
공해 없는 세상

미래 도시 선전, 5無 세상 만든다

개혁개방 1번지 선전은 어떤 미래 도시를 만들어가고 있을까? 선전의 기업들은 현재 ‘지’ 혁명을 통해 ‘5無 세상’을 빠르게 구현하고 있다.

전 세계 전기차 1등 기업인 비야디는 서울 3배 크기, 인구 천만 명의 선전시를 공해가 없는 전기차 도시로 탈바꿈시키고 있다. 거대한 충전탑은 전기차 400대를 동시에 충전하는 기술력을 과시하고 있고, 〈이코노미스트〉는 7년 안에 중국 기업이 전 세계 전기버스의 99퍼센트를 생산할 것이라는 전망까지 내놓고 있다.

공해 없는 친환경도시 만든다

비야디 창업자이자 최고경영자인 왕촨푸 회장은 전기차로 '공해 없는 세상'을 만들겠다는 꿈을 꾸고 있다. '도시병' 해결에 강한 의지를 갖고 있는 왕 회장은 전기차 보급을 통한 환경오염 문제 해결, 도시 발전을 저해하는 교통정체 문제, 운전사 없는 무인 자율자동차 개발로 새로운 '자동차왕'에 도전하고 있다.

2008년 4월 500대의 전기차로 시작된 선전은 현재 1만 5,000대의 전기버스가 운행되고 있다. 이를 통해 배기가스 146만 톤, 이산화탄소 3만 톤의 배출을 줄였다.

5

'지' 혁명의 꿈 ②: 냉장고 없는 세상

허마셴셩, 냉장고 필요 없는 세상 만든다

신선식품 전문 매장인 허마셴셩盒马鲜生은 반경 3킬로미터 이내 지역은 30분 안에 배달해주는 유통혁명을 일으키고 있다. 허마셴셩은 2015년 징둥京东 물류 총괄 출신 호우이侯毅가 설립한 오프라인 물류 기업이다. 허마셴셩은 알리바바가 만든 매장으로, 마윈 회장의 '신유통'을 실험하는 테스트베드 역할을 하고 있다.

허마셴셩은 스마트폰으로 주문만 하면 30분 안에 신선식품을 받아볼 수 있다. 해산물, 고기, 채소 등을 미리 사둘 필요가 없는 '냉장고 없는 세상'을 구현한 셈이다. 소비자에게 신선하고 안전한 먹거리를 제공함으로써 폭발적인 인기를 끌고 있다.

고객의 주문이 접수되는 동시에 장바구니에 제품을 담아 컨베이어 벨트에 올려 제품을 물류 센터로 보낸다. 이 과정이 10분 이내에 이뤄지기 때문에 반경 3킬로미터 이내의 고객에게 30분 내로 배송이 가능하다. 온·오프라인 모두 동일한 가격으로 판매되며 신속하고 안전하게 배송받을 수 있다.

게다가 빅데이터로 판매 가능한 수량을 정확히 예측하고 제품의 QR코드만 스캔하면 제품에 대한 모든 정보를 스마트폰으로 확인할 수 있게 해준다. 허마셴셩은 스마트폰으로 주문만 하면 30분 안에 신선식품을 받아볼 수 있다. 해산물, 고기, 채소 등을 미리 사둘 필요가 없는 '냉장고 없는 세상'을 구현한 셈이다. 허마셴셩의 혁신적인 서비스 덕에 허취팡盒区房이라는 용어가 등장했을 정도다. 허취팡은 우리나라 말로 하면 '허세권' 정도의 의미를 가진다. 허마셴셩이 가까이에 있다는 '역세권' 같은 개념이다. 허마셴셩이 입주한 곳과 아닌 곳의 집값이 달라질 정도로 허마셴셩은 폭발적인 인기를 끌고 있다.

전시 공간이자 거대 물류창고

허마셴셩은 온라인 플랫폼과 오프라인 매장, 물류 인프라를 결합해놓은 미래 유통 모델, 신유통이다. 수많은 신선 식품이 전시되어 있는 공간이자 거대 물류창고 역할을 한다. 고객이 매장에서 직접 물건을 골라 스마트폰으로 주문하면 매장 직원이 장바구니에 물건을 담아 천장에 설치된 트레일로 보낸다.

배송 구역으로 옮겨진 상품들은 포장되어 바로 주문한 고객의 집으로 배달되기 시작한다. 결제 시에는 현금과 신용카드는 사용할 수 없다. 돈을 받는 직원이 없기 때문이다. 오직 알리페이로 결제해야 한다. 스마트폰으로 결제가 되기 때문에 결제 즉시 고객의 데이터가 수집된다. 수집된 데이터를 활용해 허마셴셩은 고객의 소비행태를 분석해 다시 가게를 방문하면 최적의 상품을 추천해준다.

신유통, 온·오프라인의 경계 허문다

허마셴셩은 '신유통新零售'이라는 새로운 콘셉트의 소비 유통 패러다임이다. 온·오프라인의 경계를 허무는 새로운 상거래의 개념으로 등장했다. 성장의 한계에 직면한 온라인 전자상거래 시장, 온라인 시장의 급성장에도 불구하고 흔들리지 않는 골목 소규모 마켓을 고려한 시도다. 이 신유통은 중국에서 생산과 소비를 이끌어가는 시장 주도자 역할을 하고 있다.

안정적인 모바일 결제 시스템, 빅데이터, 인공지능 등 4차 산업혁명의 기술을 비롯해 드론, 로봇, 무인창고 등 '지' 혁명을 기반으로 한 스마트 물류 시스템이 이를 뒷받침하고 있다.

6

'지' 혁명의 꿈 ③:
지갑 없는 세상

지갑 없는 세상 만든다

핀테크 혁명의 선구자 알리페이와 위챗페이는 지갑 없는 세상을 만들고 있다. 이미 중국은 국민의 77퍼센트가 스마트폰으로 결제해 인류 최초로 현금 없는 세상을 구현하고 있고, QR코드 승차 시스템을 구축해 줄을 서지 않는 나라가 됐다. QR코드를 통해 스마트폰으로 음식을 주문해 식당에는 메뉴판도, 주문 받는 사람도 없다.

더 큰 잠재력은 그 뒤의 이용자 패턴을 감지할 수 있는 플랫폼에 있다. 가장 대표적인 것이 알리페이 이용자의 결제 패턴을 분석해 신용점수를 부여하는 즈마신용芝麻信用이다. 즈마신용은 알리바바의 타오바오(개인 간 거래 쇼핑몰), 티몰(기업 쇼핑몰), 쥐화수안(소셜커머스)

등 전자상거래 플랫폼에서 결제 내역과 신용카드 연체 여부, 알리페이를 통한 각종 요금 납부 상황, 모바일 결제 내역, 재테크 상품 가입 현황 등의 데이터를 기반으로 점수를 매긴다. 신용도가 높을 경우 공유 자전거나 렌터카를 빌릴 때, 호텔에 투숙할 때 보증금을 내지 않아도 되고 특정 국가를 갈 때 비자 발급조차 필요 없게 해준다.

QR코드, 현금 없는 사회 만들다

중국에서는 어딜 가든 스마트폰의 앱을 열고 QR코드를 한 번 스캔해주는 것으로 결제가 끝난다. 고급 호텔에서 저자거리의 좌판까지 QR코드에 휴대폰만 갖다 대면 끝이다. 국수를 먹거나 신문을 살 때 일사천리로 결제가 이뤄진다. 신용카드와 모바일카드보다 결제 시간도 훨씬 빠르다. 이렇게 현금 없는 사회가 이미 시작됐다.

식당에서는 QR코드를 스캔하면 식당의 메뉴판을 보여주는 앱으로 이동한다. 메뉴를 정하고 수량을 입력하면 주방에서 주문을 받아 음식을 내보낸다. 주문은 직접 주방에 전달되기 때문에 주문을 받을 사람이 필요 없다.

인민은행에 따르면 2017년 중국의 모바일 결제 건수는 257억 1,000만 건. 전년 대비 85퍼센트 초고속 성장했다. 알리페이와 위챗페이가 소액결제 시장의 93퍼센트를 점유하고 있다.

7

'지' 혁명의 꿈 ④: 계산원과 도둑이 없는 세상

계산대 없는 세상을 만든다

편의점 입구에 서자 자동으로 문이 열린다. 사고 싶은 과자와 음료수를 장바구니에 넣고, 그대로 가게를 나온다. 절도? 아니다. 스마트폰의 알리페이 앱에 이미 등록해둔 자신의 안면인식용 정보를 통해 매장이 문을 열어주고, 인공지능 CCTV가 구입하고자 하는 물건의 수량과 가격 정보를 인식한다. 결제도 알리페이가 자동으로 진행하기 때문에, 가게를 나와 푸시 알림을 확인해 구매 목록만 확인하면 된다. 중국의 일부 무인 편의점에서 실제로 일어나고 있는 상황이다.

중국에는 이미 무인 편의점이 수백 개 이상 생겨났다. 1위 업체인 빙고박스bingobox를 비롯해 많은 업체가 무인편의점 사업에 나서고 있다. 알리바바는 2017년 7월 무인매장 타오카페淘咖啡를 론칭했고, 중국 2위 전자상거래 업체 징동京东도 바로 다음 달인 8월에 무인 편의점을 오픈한다고 밝혔다. 이지고EasyGo, 테이크고TakeGo 등 10개 이상의 스타트업 브랜드가 시장에 진입했다. 이에 대한 투자 규모 역시 적게는 수십만 위안(수천만 원)부터 1억 위안(약 170억 4,000만 원) 이상까지 천차만별이다.

중국의 시장조사기관 아이리서치iResearch에 따르면, 2017년 중국의 무인유통시장(자동판매기 포함) 규모는 약 200억 위안(약 3조 4,000억 원)으로, 2020년에는 650억 위안(약 11조 1,000억 원)을 돌파할 것으로 예상된다. 그야말로 '무인화'에 돈이 몰리고 있다.

5만 명이 몰린 콘서트장에서 수배범 색출

중국의 스타트업 센스타임이 만든 안면인식 기술은 정확도 99퍼센트를 자랑한다. 장시성 난창시에서는 중국 공안이 5만 명이 운집한 콘서트장에서 수배범을 체포하는 데 성공했다. 안면인식 기술을 접목한 CCTV 카메라가 수배범의 얼굴을 정확하게 찾아낸 것이다.

중국에서 CCTV만으로 사람을 찾는다면 얼마나 시간이 걸릴까? 영국 BBC의 중국 특파원인 존 서드워스가 실험해본 결과, 단 7분 걸렸다. 그는 행선지를 알리지 않고 자신이 어디에 있는지를 찾아보라고 중국 공안당국에 요청했다. 그러자 중국 공안당국은 CCTV만을 이용해 7분 만에 그를 찾아냈다.

BBC 보도에 따르면 중국 전역에는 인공지능 기능을 탑재한 카메라들이 170만 대 이상 존재한다. 3년 안에 400만 대가 추가로 설치될 예정이다. 이렇게 하면, 범죄자들이 검거를 두려워해 범죄 자체가 일어나지 않는 세상을 만들 수 있다.

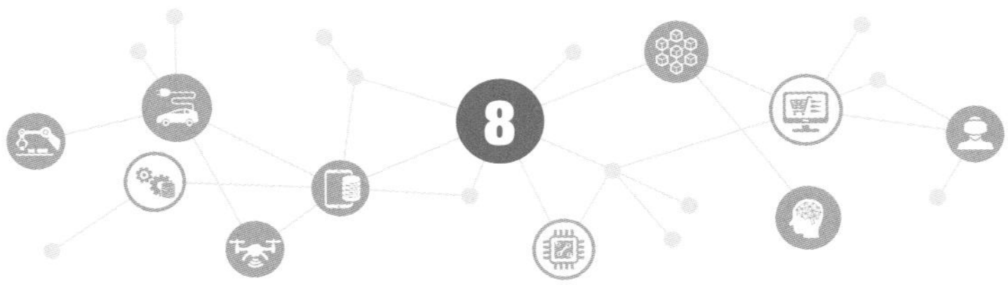

'지' 혁명의 꿈 ⑤: No 없는 세상

혁신의 비밀은 'No 없는 세상'

영국 경제전문지 〈이코노미스트〉는 선전이 "전 세계 4,000개 경제특구 중 가장 성공한 모델"이라고 평가했다. 왜 이 같은 평가가 나왔을까? 선전에서는 안 되는 것이 없는, 즉 'No'가 없는 세상이기 때문이다.

우선 아무런 규제가 없어 하루 1,500개가 넘는 기업들이 태어나고 선전 드림을 찾아 매년 55만 명의 글로벌 인재들이 몰려들고 있다. 원하는 부품은 반경 4킬로미터 안에서 무엇이든지 구할 수 있어 아침에 제품을 디자인하면 오후에 시제품을 받아볼 수 있다. 이로 인해 선전의 하루는 미국 실리콘 밸리의 일주일을 압축해놓은 것보다 더 빠른 '선전 속도Shenzhen Speed'라는 말까지 등장했다.

말 그대로 선전은 아이디어만 있으면 무엇이든지 할 수 있는 중국 혁신의 심장이다. 대한민국에도 이러한 혁신을 이끌 미래 실험도시가 필요하다는 지적이다.

무엇이든 가능한 공급망 생태계

선전이 '지' 혁명을 일으키는 혁신의 본거지가 된 데에는 '공급망 생태계'가 큰 역할을 했다. 제품 개발과 제작, 양산에 필요한 모든 것이 선전에 있다. 따라서 시제품의 제작에서 양산까지 걸리는 시간이 짧아 6개월마다 새로운 제품을 시장에 내놓을 수 있다. 안 되는 것이 없는, 즉 'No'가 없는 혁신 도시인 것이다.

등에 배낭처럼 메고 하늘을 날 수 있는 개인용 비행기구인 '마틴 제트팩'으로 유명한 광치과학은 2010년 20제곱미터 남짓한 지하 차고에서 탄생했다. 20대 중후반의 미국 유학파 출신 과학자 다섯 명이 뭉쳤지만 이들이 손에 쥔 돈은 부모에게 빌린 20만 위안(약 3,400만 원)이 전부였다. 하지만 창업 4년 만에 메타물질(특정한 전기 성질을 지니도록 인공적으로 설계된 물질) 등 소재 분야에서 3,000여 건의 특허를 출원하며 기술력을 축적했다. 아이디어만 있으면 맨손 창업으로 무엇이든지 가능한, 'No'가 없는 곳이 바로 선전이다.

PART 4

중국 산업의 '지' 혁명

CHINA DREAM

중국, 세계 최대의 산업 대국으로 성장하다

'지' 혁명, 세계경제의 질서를 바꾸다

중국의 '지' 혁명은 세계경제의 질서와 패러다임을 바꿔놓고 있다. 중국은 2010년 일본을 제치고 세계 2위 경제 대국으로 올라섰고 2011년 미국을 넘어 세계 1위 산업생산국으로 부상했다. 제조업을 앞세워 세계 1위의 제조 대국이 된 것이다. 2016년 기준으로 중국이 세계 제조업에서 차지하는 비중은 25.5퍼센트로 18.1퍼센트인 미국을 크게 앞서고 있다.

중국은 자동차, 조선, 철강, 섬유 등 주요 업종 생산량 측면에서도 대부분 1위를 기록하고 있다. 아직 수입 의존도가 높은 일반 기계나 석유화학 등 자본재 및 소재 산업이나 식품 산업, 세계적인 독과점

중국이 주요 업종의 세계 생산에서 차지하는 비중

업종	비중(%)	세계 순위
자동차(2015)	26.8	1위
조선(건조량, 2015)	35.2	1위
일반기계(2013)	11.7	2위
철강(2015)	49.5	1위
석유화학(에틸렌, 2015)	13.3	2위
섬유(2014)	69.1	1위
식품(2015)	16.7	2위
가전(TV, 2015)	44.2	1위
통신기기(2015)	47.3	1위
디스플레이(2015, 매출)	13.9	4위
반도체(2014)	14.6	3위

주: ( ) 안은 통계수치 연도 및 해당 품목임
자료: 조철 외(2016), "중국의 산업구조고도화가 한국 주력산업에 미치는 영향과 대응 전략", 산업연구원

구조를 형성하고 있는 반도체나 디스플레이 분야가 다소 예외일 뿐이다. 문제는 추격의 속도가 빨라 언제 세계 1등으로 올라설지 위협적이라는 점이다.

중국의 상품 수출 역시 2009년 미국과 독일을 제치고 세계 1위가 됐다. 2016년 중국이 세계 수출에서 차지하는 비중은 13.9퍼센트였고, 2위인 미국은 8.1퍼센트에 불과했다.

중국이 미국에 비해 뒤떨어지는 것은 서비스업이다. 하지만 산업을 서비스 중심으로 재편하면서 빠르게 추격 중이다. 2016년 중국이 세계 서비스업에서 차지하는 비중은 11.8퍼센트로 30.8퍼센트인 미국에 비해 크게 뒤처져 있는 상태다. 업종별로도 자동차, 정밀화학 등을

중국 스마트폰 시장에서 주요 업체의 시장 점유율 변화 추이

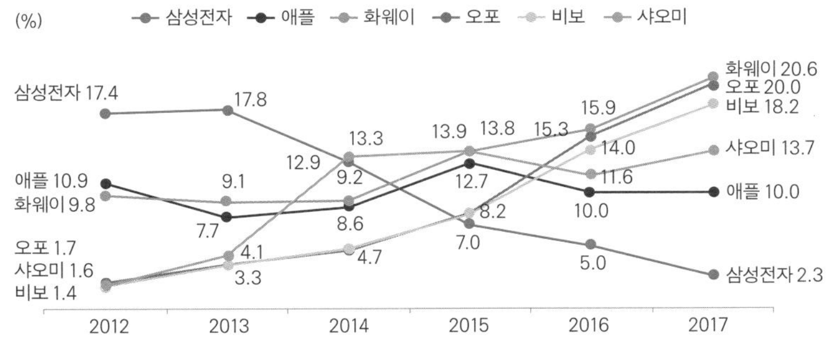

자료: 가트너

제외하면 대부분의 산업에서 중국의 수출시장 점유율이 10퍼센트를 넘는다.

중국의 혁신, 세계를 놀라게 하고 있다

중국 정부의 핵심 전략인 '질적 성장'을 통한 혁신 성장은 세계를 놀라게 하고 있다. 연구개발 투자와 인재 확보 전략은 무서울 정도다. 예를 들어, 연구개발 투자비는 2009년 일본을 제치고 세계 2위가 됐고 미국과도 격차가 급격히 줄고 있다. 2017년 현재 미국의 연구개발 투자비는 5,111억 달러이고, 중국은 4,512억 달러에 달한다. 특허출원은 2011년 이미 미국을 추월하여 세계 1위가 됐고 2017년에는 미국의 2배에 달했다.

창업을 국가의 핵심 정책으로 삼은 결과 연간 500만 개, 하루 평균

주요국의 총 연구개발비

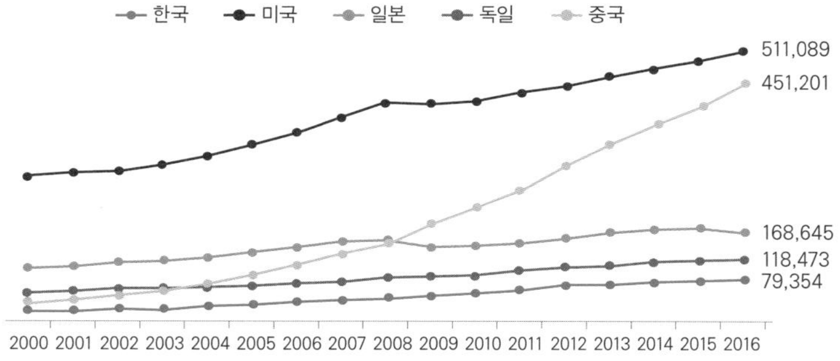

자료: http://stats.oecd/org/

주요국 특허청 특허출원 접수 추이

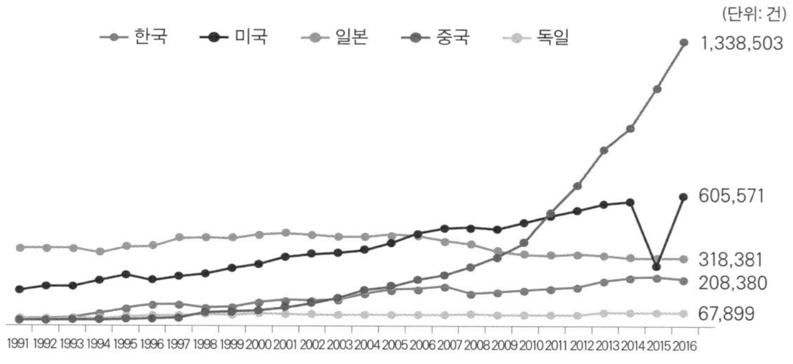

자료: 특허청 〈지식재산통계연보〉, 각 연도

1만 6,500개씩 창업이 일어나고 있다.

중국의 창업 생태계는 BAT(바이두, 알리바바, 텐센트) 등 IT 대기업이 주도하고 있다.

창업 관련 주요 지표

중국 연도별 신설기업수(만 개)

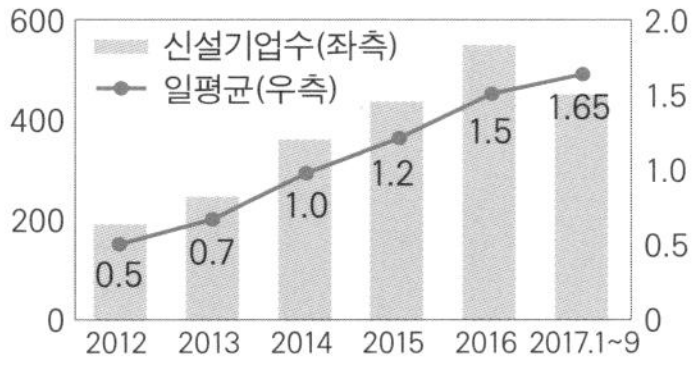

인구 1만 명당 신설기업수(개)

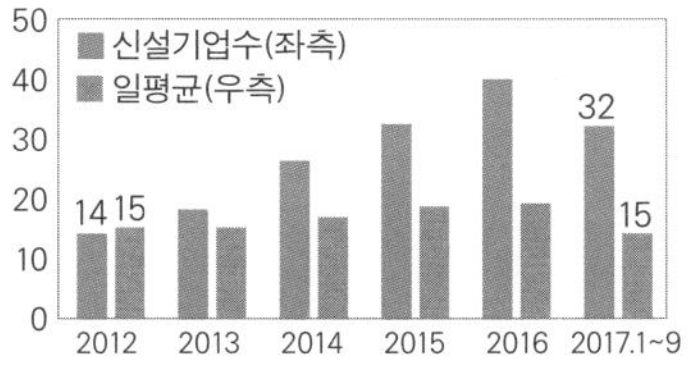

자료: 중국공상총국

자료: 중국공상총국, 중소기업청, World Bank

주요국의 혁신 생태계 비교

글로벌 스타트업 생태계 평가 순위

항목	종합	성과	펀딩	인재
실리콘밸리	1	1	1	2
뉴욕	2	3	2	7
런던	3	4	4	10
베이징	4	2	5	8
보스턴	5	6	6	4
텔아비브	6	9	8	11
베를린	7	7	9	5
상하이	8	8	3	9

자료: Startup Genome(2017)

주요국 글로벌 혁신지수 및 순위[1)]

	2013년	2017년	순위변동
고소득국 평균	50.1	49.9	-
중상소득국 평균	35.8	34.1	-
스위스	66.6(1)	67.7(1)	-
미국	60.3(5)	61.4(4)	1↑
이스라엘	56.0(14)	58.1(10)	4↑
한국	53.3(18)	57.7(11)	7↑
일본	52.2(22)	54.7(14)	8↑
중국	44.7(35)	52.5(22)	11↑

주: 1) ( ) 안은 순위
자료: Cornell, INSEAD, WIPO

중국, 글로벌 브랜드를 육성하다

중국은 저부가가치 제조 국가라는 이미지를 탈피하기 위해 '글로벌 브랜드' 육성 전략을 집중적으로 폈다. 이 결과 2013년 '포춘

중국과 미국의 IT 대기업이 창업 생태계에 미치는 영향

전체 벤처투자 중 BAT와 FANG[1] 비중(%)

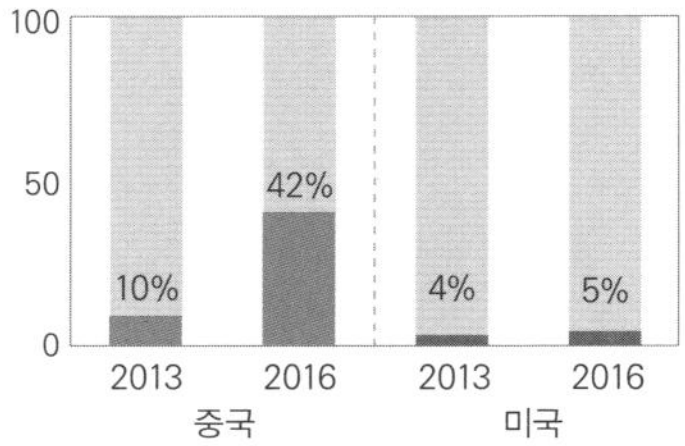

주: 1) Facebook, Amazon, Netflix, Google
자료: Mckinsey, Crunchbase, PitchBook(2017)

중국 TOP 50 신설기업 투자 중 BAT 비중[1]

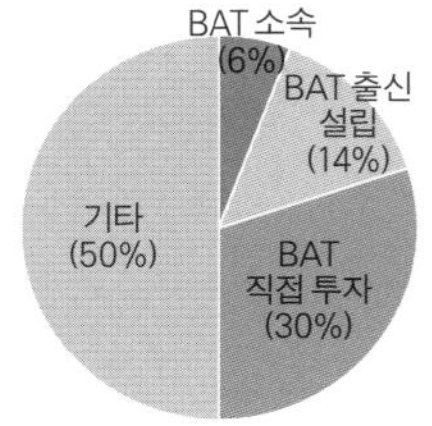

주: 1) ( ) 안은 개수 기준 비중
자료: Mckinsey, Crunchbase, PitchBook(2017)

500대 기업' 순위에 중국 기업이 89개로 늘어난 데 이어 2017년에는 109개로 늘어나 미국의 132개에 근접하고 있다. 세계 100대 브랜드 Milward Brown 10위권 안에는 텐센트, 알리바바가 들어갈 정도로 중국의 브랜드 파워가 급상승하고 있다. 혁신 기업의 대명사인 유니콘 기업도 2017년 현재 중국이 59개에 달해 112개인 미국에 이어 세계 2위를 기록하고 있다.

중국, 가장 빠르게 4차 산업혁명 국가로 변신

중국은 4차 산업혁명 관련 기업을 집중 육성해 가장 빠르게 4차 산업혁명 국가로 변신하고 있다. AI 연구 역량 순위는 미국에 이어 세계 2위에 올라섰고 AI 기업 수도 592개로 미국에 이어 2위 국가가 됐다. 특히 블록체인 특허는 미국의 390건보다 더 많은 428건으로 세

4차 산업혁명 관련 주요 지표의 중국 순위

주요 지표	중국	순위
AI 연구 역량	인용지수 상위 10% 논문 3,341건 (2017년)	세계 2위 (1위 미국: 9,559건)
AI 기업 수	592개 (2017년 6월까지)	세계 2위 (1위 미국: 1,078개)
5G 투자 규모	1조 2,000억 위안 (2017~2024년)	-
빅데이터 시장 규모	1,692억 위안 (2015년)	세계 2위
블록체인 특허	428건 (2017년)	세계 1위 (2위 미국: 390건)
모바일 결제 이용자	5.3억 명 (2017년)	세계 1위
모바일 결제 거래 규모	677억 4,400만 달러 (2016년)	세계 1위 (2위 미국: 249억 2,500만 달러)

계 1위 국가가 됐다. 모바일 결제 이용자가 5억 3,000만 명에 달해 세계에서 가장 현금 사용률이 낮은 나라가 됐고 모바일 결제 거래 규모는 677억 4,400만 달러로 독보적인 세계 1위이다.

'지' 혁명, 중국 10대 신산업을 일으키다

중국 혁신의 실체는 '지' 혁명

MBN 중국보고서팀은 중국의 산업이 어떻게 변화하는지, 글로벌 산업의 판도가 어떻게 바뀌게 될지에 주목했다. 이에 중국 정부가 집중 육성 중인 자동차, 철강, 드론, 스마트 디바이스, 반도체, 2차전지, AI, 게임, 스마트 헬스케어, 전자상거래 등 10대 산업을 선정해 집중 분석했다.

특히 자동차(지리, 비야디, 니오), 철강(보무, 하북), 드론(DJI, 이항), 스마트디바이스(샤오미, 알리바바, 화웨이), 반도체(칭화유니그룹, 푸젠진화, 이노트론), 2차전지(CATL), AI(바이두, 아이플라이텍), 게임(텐센트, 넷이즈), 스마트 헬스케어(바이두, 알리바바, 텐센트), 전자상거래(알리바바, 징 등) 분야의 대표 기업들을 해부해보았다. 이를 통해 중국보고서팀은 중국을 세계 1등 국가로 이끌고 있는 혁신의 실체를 '지' 혁명에서 찾았다.

'지' 혁명은 중국의 국가 성장 전략

중국이 일으키고 있는 '지' 혁명이란 모든 국가 시스템과 산업을 4차 산업혁명 기술로 재무장해 세계경제를 선도하는 1등, 즉 'G1' 강국을 만들기 위한 국가 성장 전략이다. 첫 번째 '지' 혁명은 모든 산업을 사물인터넷, 인공지능 등과 결합해 제조 강국으로 발돋움하는 '중국제조 2025' 혁명이다. 두 번째 '지' 혁명은 중국 내 모든 산업과 기업, 소비자의 초연결 시대를 만드는 '인터넷 플러스' 혁명이다.

이 두 혁명은 중국을 지금까지와는 전혀 다른 '인텔리전스 강국'으로 바꿔놓고 있다. 중국 정부는 '제조 2025' 전략으로 전통 제조업을 지금까지와는 전혀 다른 첨단 스마트 산업으로 업그레이드하고 있다. 로봇, 전기차, 반도체 등 10대 신산업을 2030년까지 세계 1등 산업으로 육성해 나갈 방침이다. 여기서 더 나아가 중국은 스마트폰 하나로 원하는 것은 무엇이든지 할 수 있는 '인터넷 플러스' 정책을 통해 모바일 천국을 만들고 있다.

'지' 혁명, 중국을 창업 대국으로 만들다

'지' 혁명은 인공지능, 빅데이터, 사물인터넷, 블록체인, 클라우드가 세계적인 경쟁력을 발휘하는 혁신 생태계를 만들어내고 있다. 하루 평균 1만 6,500개에 달하는 첨단 비즈니스가 창업되고 있고 특허 출원 건수도 세계 1등이다.

전자상거래 규모가 미국의 90배에 달하고, 국민 80퍼센트가 스마트폰으로 결제하는 현금 없는 세상을 만들고 있다. 이른바 신기술 창업, 첨단 특허, 스마트 팩토리, 모바일 쇼핑, 빅데이터 등으로 순환되는 혁신 생태계가 '지'를 통해 만들어지고 있는 것이다.

'지' 혁명은 전기차, 로봇, 반도체, 신소재, 인공지능, 항공우주, 디스플레이 등 중국 10대 신산업을 세계 최강으로 변모시키고 있다. 이들 산업은 공교롭게도 대한민국이 발표한 미래 성장산업과 일치한다.

'지' 혁명, 혁신 생태계 만들다

기업을 위한 특별구역 만들어 '지' 혁명 주도

'지' 혁명은 중국의 산업을 미래형으로 바꿔놓는 혁신 생태계를 만들어내고 있다. 광둥廣東성 선전 경제특구, 상하이上海 푸둥浦東신구, '시진핑 신도시' 슝안雄安신구에 만들어지는 혁신 생태계는 일종의 기업들을 위한 '비즈니스 실험도시'가 되어 중국 전역으로 '지' 혁명을 촉발시키는 기폭제가 되고 있다.

스케일도 남다르다. 슝안신구를 중국의 '천년대계千年大計'로 추진 중이다. 슝안신구 마스터플랜에 따르면 세 번째 특별구역으로 출범한 슝안신구를 인간과 자연이 조화롭게 공존하는 저탄소·인텔리전트(지능형)·세계적 영향력의 도시로 건설한다. 사회 기반 시설은 세계를 선도하는 디지털 구역이 될 수 있도록 인텔리전트 시설물이 된다.

신구 전체 면적의 40퍼센트를 숲으로 조성할 만큼 저탄소 도시로도 태어나게 된다. 고급·첨단기술 산업을 이곳에서 시작하는 인재에게는 정부 지원과 특혜 정책을 융단폭격처럼 제공한다. 한마디로 기업하기 좋은 '천국'을 만들어 '지' 혁명이 샘솟도록 하고 있는 것이다.

정부가 아니라 기업들이 '지' 혁명 이끈다

중국은 정부가 앞장서서 친환경·첨단 신도시의 청사진을 제시하고 기업들이 이 도시의 건설 과정에서 새로운 비즈니스 모델을 만들어 국부를 창출할 수 있도록 '큰 그림'을 그리고 있다.

예를 들어 슝안신구 관리위원회는 기업들이 원하는 것은 무엇이든지 할 수 있도록 지원해준다. 혁신의 주체는 기업이기 때문이다. 슝안신구 관리위원회는 개발에 앞서 가장 먼저 알리바바, 바이두 같은 첨단회사 19곳과 업무 협정을 맺었다. 이에 따라 바이두는 신구 기획·건설에 대한 AI 기술을 맡고 있다. 100개가 넘는 기술 기업을 유치해 상업 등록을 받았다. 음식배달 서비스 기업 메이퇀은 무인 배송 업무를 맡았다. 이를 위해 메이퇀은 로봇 '샤오따이小袋'를 개발해 무인 배송 세상을 열었다.

이곳에서 스타벅스 커피를 주문하길 원하면 메이퇀 앱을 열고 'MAD슝안시민센터몰'에 들어가서 스타벅스 커피를 주문하고, 주문자가 있는 곳, 즉 배송 목적지로 '○○○ 사무실'을 설정하면 된다.

1분 후면 노란색 옷을 입은 배달 직원이 스타벅스에서 나와 하얀색의 유선형 케이스를 갖춘 샤오따이에게 배송을 명령한다. 상자를 열고 커피를 넣은 후 다시 문을 닫으면 샤오따이가 원하는 곳으로 커피를 배달해준다.

시스템이 알려준 경로를 따라 자동 네비게이션 능력을 보유한 샤오따이는 도로를 건너 목적지에 도착한다. 이 샤오따이는 레이저 레이더, 전신 네방향 카메라 등 각종 센서를 기반으로 장애물과 행인을 감지할 수 있다. 복잡한 도로 환경에서도 실시간으로 장애물을 피한다. 본체에 달린 6개의 바퀴가 도로면이 열악한 상황에서도 감속 등을 통해 음료가 새거나 쏟아지지 않도록 안정적인 운행을 가능케 한다.

이 같은 서비스가 가능한 이유는 슝안신구가 5G와 무인 자율주행 기술의 '테스트 무대'로 조성돼 있기 때문이다. 이미 미래 도시가 중국에서 시작된 것이다.

혁신도 순서에 따라 일으킨다

정국은 특별구역 개발을 위해 '슝안신구 규획요강'을 발표했다. 요강은 10개의 장으로 구성되어 어떤 도시로 개발될 예정인지를 도시 개발에 참여하는 모든 사람들이 자세히 알 수 있도록 했다. 어떤 사업에 참여해 기업활동을 할지, 부가가치를 창출할지 혁신의 순서까지 자세히 기록되어 있다. 개발 참여자들은 지침대로 혁신을 일으키면 된다.

도시 개발의 출발점은 교통 인프라 구축에서 시작된다. 동시에 첨단기술 및 IT 기업들의 유치와 이 기업들을 대상으로 한 혁신 과제 부여로 이어진다. 마지막 혁신이 중단되지 않도록 대학교를 비롯한 고등교육기관을 집중 유치한다. 이른바 혁신의 순서가 있는 것이다.

교통 인프라 구축은 약 160킬로미터 떨어진 베이징과의 시너지를 내기 위한 것이다. 베이징에서 슝안신구까지 30분에 올 수 있는 고속철을 2020년 개통한다. 동시에 동쪽으로 톈진, 남쪽으로 스자좡 등 주변 대도시와 연결되는 고속철도망을 만들어 슝안신구를 화북지역의 교통 허브로 발전시키게 된다.

동시에 텐센트, 알리바바, 바이두 등 중국 3대 인터넷 업체와 차이나모바일, 차이나텔레콤, 차이나유니콤 등 중국 3대 이동통신사를 유치해 5G 모바일 인터넷망을 구축함으로써 모바일 천국을 만들었다.

이와 함께 중국과학원, 베이징대, 칭화대, 인민대, 베이징사범대 등 베이징에 본교를 두고 있는 중국 최고 명문대학들의 슝안신구 캠퍼스를 건설해 인재들이 신기술을 배우고 시험할 수 있도록 함으로써 '혁신 생태계'가 저절로 돌아갈 수 있도록 했다.

'지' 혁명 제1의 충격: 한국의 자동차, 스마트폰, TV

'지' 혁명의 충격, 한국이 가장 크게 받는다

중국이 '지' 혁명을 통해 10대 신산업의 경쟁력을 키운다면 어느 나라가 가장 큰 충격을 받게 될까? 미국일까? 일본일까? 유럽일까? 아니다. 대한민국이 가장 먼저 직격탄을 받게 된다. 유럽 최대의 중국 싱크탱크인 메릭스는 중국이 제조 강국으로 거듭나면 대한민국 산업이 가장 먼저 위태로워진다고 전망했다.

중국의 '지' 혁명은 한국의 자동차와 스마트폰 산업에 이미 충격을 주었다. 한때 180만 대에 달했던 현대·기아차의 중국 시장 판매량은 110만 대로 40퍼센트나 줄어들었고, 친환경 에너지 차량도 중국이 세계 절반(47퍼센트) 가량을 생산하면서 한국 자동차의 미래가 불투

명해졌다. 중국 내 시장 점유율 20퍼센트에 달했던 삼성 스마트폰도 이미 0퍼센트대로 추락해 갈수록 설 자리를 잃고 있다.

중국은 자동차, LCD에서 한국을 따라잡았다. 중국의 지리자동차, 창청자동차는 중국 시장에서 현대차를 더 이상 경쟁상대로 여기지 않는다. BOE는 글로벌 LCD 시장에서 LG디스플레이를 누르고 1위 자리에 올랐다. 다음 차례는 반도체라는 말이 나오고 있다.

중국 스마트폰, 한국 휴대폰 설 자리 위협

중국 스마트폰이 조선 자동차에 이어 한국 스마트폰 산업을 위협하고 있다. 게다가 중국 스마트폰이 뛰어난 '가성비'를 앞세워 한국에 속속 상륙하고 있다. 국산 프리미엄 스마트폰 출고가는 100만 원이 넘지만, 중국 폰은 기능과 성능이 비슷한데도 30~40만 원대에 불과하다.

샤오미가 2018년 3분기 인도에서 처음으로 시장 점유율 27퍼센트를 기록하며 삼성전자(23퍼센트)를 꺾는 놀라운 상황을 연출했다. 이른바 우리 산업 전반에 중국산 제품의 공습이 시작됐다. 이 가운데 기술 격차를 보여온 휴대폰마저 글로벌 시장에서 중국산 스마트폰에 밀릴 우려가 커지고 있다.

중국 자동차, 현대차를 따돌리다

현대·기아차가 중국 시장에서 밀려나고 있다. 산업연구원에 따르면

2016년 국내 자동차 업체의 중국 시장 판매량은 179만 2,000대였지만 2017년 114만 5,000대로 줄었다. 점유율도 7.4퍼센트에서 4.6퍼센트로 쪼그라들었다. 다섯 손가락 안에 들던 베이징현대차는 2017년 상반기에 10위 밖으로 밀려났다. 중국 공장에서 생산한 자동차 일부를 동남아시아 등으로 수출하는 '고육지책'까지 검토할 정도다.

엔저를 업은 일본 업체들의 공세도 있었지만 상하이자동차, 둥펑자동차, 창안자동차 등 중국 업체들이 무섭게 성장하고 있기 때문이다. 자칫 화웨이, 오포, 비보 등 중국 현지 업체들의 공세에 밀려 시장 점유율 0퍼센트대로 떨어져 사실상 퇴출 위기에 내몰린 한국 스마트폰 신세로 전락할 것이라는 우려마저 나오고 있다.

중국 자동차의 양적·질적 성장이 지금처럼 이어진다면 3~4년 내에 글로벌 시장에서도 한국 자동차를 위협하게 될 것이라는 전망이다. 곧 중국 시장이 아니라 글로벌 시장에서도 일본 차가 아닌 중국차와 경쟁해야 하는 상황에 놓일 수 있다는 자괴감마저 나오고 있다.

글로벌 TV 시장도 제패 나섰다

중국 TV 메이커들의 폭발적인 성장세가 주목받고 있다. 글로벌 TV 시장 1위 기업인 삼성의 뒤를 TCL이 바짝 추격하고 있고, 하이신과 샤오미가 글로벌 상위 10위권으로 도약했다. TCL은 2년 새 폭발적 성장세를 기록하면서 2018년 상반기 동기 대비 34퍼센트 증가한 총 1,265만 대를 출하하며 2위인 LG와 점차 격차를 좁혀가고 있다.

2019년에는 TCL의 판매량이 LG를 넘어서고 머지않아 1위인 삼성과 용호상박을 이룰 것이라는 전망이 지배적이다.

한때 중국 시장을 휩쓸었던 파나소닉, 소니 등의 일본 기업은 중국 시장에서 이미 자취를 감춘 지 오래됐고 명맥만 이어가고 있다. 소니(500만 대)와 샤프(470만 대)는 각각 글로벌 시장에서 6위와 7위로 추락했다. 한국 기업이 이렇게 되지 않을 것이라는 속단은 금물이다.

슈퍼컴퓨터도 1등 수준이 됐다

중국의 컴퓨터 기술 수준은 과거와 완전히 다르다. 슈퍼컴퓨터 분야에서 네 번이나 1위를 차지했다. 그러자 2015년 미국 상무부는 슈퍼컴퓨터 중앙처리장치CPU의 중국 판매를 금지했다. 하지만 2016년 중국은 자체 개발한 CPU '선웨이26010'을 탑재한 '선웨이 타이후라이트'를 개발해 세계에서 가장 빠른 슈퍼컴 자리를 차지했다. 미국의 판매금지 조치가 경각심을 불러일으켜 오히려 개발을 앞당긴 것이다. 그만큼 중국의 추격은 세계를 무섭게 하고 있다.

'지' 혁명 제2의 충격: 한국 반도체 산업

제2의 충격, 한국 반도체 산업에 온다

제2의 충격은 한국의 반도체 산업이 받게 된다. 시진핑 주석은 반도체 굴기를 선언하며 2025년까지 170조 원을 투자해 부품의 70퍼센트를 국산화하자는 특별 메시지까지 내놓았다. 만약 이 목표가 이뤄져 한국의 대중국 반도체 수출이 20퍼센트 줄게 된다면 15조 원이 사라지게 된다. 중국이 반도체 생산을 본격화하면 수년 내에 공급과잉과 가격경쟁이라는 치킨게임이 불가피할 수밖에 없기 때문이다. 여기에 최대 수출국인 미국과 중국의 통상 전쟁으로 한국의 대중국 반도체 수출에 악영향이 생길 수 있다.

중국의 YMTC(낸드플래시)와 푸젠진화(D램), 허페이창신(D램)이

2019년부터 본격 양산할 메모리반도체의 물량은 삼성전자의 20퍼센트 수준인 월 26만 장으로 추산된다. 산업연구원은 "우리나라의 대중 반도체 수출이 전체 수출의 약 66.7퍼센트에 달하고, 이 중 대부분이 서버·스마트폰용 D램이라는 것을 감안하면 중국 정부의 반도체 산업 육성 의지는 삼성전자와 SK하이닉스에 커다란 위협 요인"이라고 분석했다. 예상보다 빠른 중국 반도체 기업의 추격 속도 역시 위협적이다.

반도체, '도시 연합' 꾸려 생태계 확장

중국은 남쪽 광둥성에 광저우, 선전, 홍콩, 마카오 등 대만구大灣區 지역 도시들을 묶어 '반도체 산업 연맹'을 설립했다. 반도체 산업 연맹은 칩 테스트, 전자 설계 자동화, 지적재산권 확보, 인력 양성 등을 포함한 반도체 산업 육성 플랫폼을 공동으로 개발, 해당 분야의 경쟁력을 향상시킨다는 계획이다.

특히 제조 분야에서 광저우, 제품 디자인 분야에서 선전과 주하이, 연구 분야에서 마카오, 지적재산권 확보 분야에서 홍콩이 역할을 맡아 경쟁력을 확보하겠다는 전략이다. 이런 만큼 각 지역은 반도체 산업 발전을 위한 유기적 협력을 진행하기로 했다. 중국이 세계 반도체 제품의 40퍼센트 이상을 소비하는 세계 최대 시장인데도, 반도체 자급률이 15퍼센트에 그치고 있는 상황을 바꾸겠다는 구상이다.

그래서 약 200조 원의 '국가반도체산업 투자펀드'를 조성해

2025년까지 반도체 자급률을 70퍼센트로 끌어올리는 것을 목표로 제시했다. 이를 위해 반도체 기업들도 육성하고 하고 있다.

반도체 업계에서는 중국의 반도체 굴기가 완성되는 2025년까지 우리 기업들이 기술 격차를 더 벌리지 못할 경우 심각한 위기가 도래할 것이라는 우려가 많다. 정부는 향후 10년, 20년 뒤 반도체 경쟁에서 중국에 뒤처지지 않도록 전력을 다해 후원해야 한다.

'지' 혁명 제3의 충격: 한국의 미래 산업

제3의 충격, 한국 미래 산업에 온다

그렇다면 한국 미래 산업의 경쟁력은 어떨까? 5년 뒤 중국은 4차 산업혁명에 기반을 둔 기술의 모든 분야에서 한국을 큰 격차로 앞서게 된다. 벌써 내년에 상용화할 5G 인프라는 중국 기술이고 한국의 영화 촬영은 중국 드론으로 이뤄지고 있다. 빅데이터, 인공지능, 자율주행차 등의 경쟁력도 이미 중국에 한참 뒤처져 있다. 한마디로 '지' 혁명이 대한민국의 미래 산업마저 위협하고 있다.

그렇다면 중국이 이렇게 빨리 미래 국가로 도약하고 있는 비결은 뭘까? 여기에는 중국 정부의 강력한 리더십이 핵심적인 역할을 하고 있다. 중국 전역에 스마트 시티를 무려 600개나 만들어 기업들이

'지' 혁명을 일으킬 수 있도록 테스트베드를 제공하고 있다. 예를 들어 첨단기술 시범도시인 슝안신구에서는 자율주행차가 곳곳을 달리고 시각과 후각을 탐지하는 로봇이 24시간 동안 경찰 대신 순찰을 돈다.

한국 미래 산업, 중국에 전 분야 밀린다

한국의 미래 산업마저 위기이다. 우리나라의 4차 산업혁명 기반 기술은 미국, 일본, 중국에 비해 현재는 물론 5년 후에도 이들 국가에 밀리는 것으로 조사됐다.

한국경제연구원이 세계경제포럼 회장 클라우스 슈밥Klaus Schwab이 제시한 4차 산업혁명의 12가지 분야인 바이오, 사물인터넷, 우주기술, 3D 프린팅, 드론, 블록체인, 신재생에너지, 첨단소재, 로봇, 인공지능, 증강현실, 컴퓨팅기술(빅데이터 등)과 관련해 한국, 미국, 일본, 중국의 현재와 5년 후의 수준을 비교해보았다. 그 결과 2018년 현재 우리나라의 4차 산업혁명 12개 분야 기술 수준을 100으로 했을 때, 중국은 108, 일본은 117, 미국은 130으로 한국이 세 나라 모두에 뒤처지는 것으로 나타났다.

5년 후에도 중국 113, 일본 113, 미국 123으로 일본, 미국과의 기술 격차는 줄어들지만, 여전히 열세에 놓이는 것으로 전망됐다. 4차 산업혁명 준비가 그만큼 뒤처져 있다는 분석이다. 그 원인으로 투자 불확실성과 전문인력 부족이 가장 큰 문제점으로 제시됐고 산업 간 융합과 협업 활성화, 전문인력 양성이 가장 중요한 과제로 손꼽혔다.

현재 비교 우위 5개 분야, 5년 후에는 '0'

2018년 현재 한국은 중국에 비해 4차 산업혁명 5개 분야에서 열위, 2개 분야에서 경합, 5개 분야에서 우위인 것으로 나타났다. 이미 경쟁력이 뒤처져 있는 비교 열위 분야는 블록체인(중국 140), 인공지능, 우주기술, 3D 프린팅, 드론(이상 중국 130)이며, 경합하는 기술은 첨단소재와 컴퓨팅기술이었다.

문제는 현재 한국이 비교 우위에 있는 바이오, 사물인터넷, 로봇, 증강현실(이상 중국 90), 신재생에너지(중국 70)가 5년 뒤에는 아무런 경쟁 우위를 갖게 되지 못한다는 점이다. 이른바 비교 우위 '0'이 된다.

중국은 4차 산업혁명 기술의 발전 속도가 매우 빨라 바이오, 사물인터넷, 신재생에너지, 로봇, 증강현실의 기술 수준이 2023년에는 한국과 비슷한 수준으로 발전하고, 경합 분야였던 첨단소재와 컴퓨팅 기술은 한국을 추월할 전망이다.

PART 5

‘지’ 혁명에 앞장선 중국 기업들

CHINA DREAM

1

친환경 자동차 왕국 만든다

왜 전기자동차인가?

중국은 2009년 미국을 제치고 세계 1위의 자동차 생산국이자 소비국이 됐다. 방대한 소비시장을 앞세워 자국 내에서 생산과 판매가 이뤄지는 전형적 내수산업으로 성장했다. 높은 관세로 해외로부터 수입을 제한하고 있고 내수시장이 폭발적으로 증가하고 있어 지금까지 수출에는 소극적이었다.

연간 판매량이 2,400여만 대에 이르지만, 자동차 보급 대수가 인구 1,000명당 115대(2015년)로 낮아 808대인 미국, 399대인 한국과 비교할 때 성장 잠재력이 크다. 자동차 생산은 연간 3,000만 대까지 성장할 것이라는 전망이다.

중국 승용차 시장 차종별 판매 비중 변화

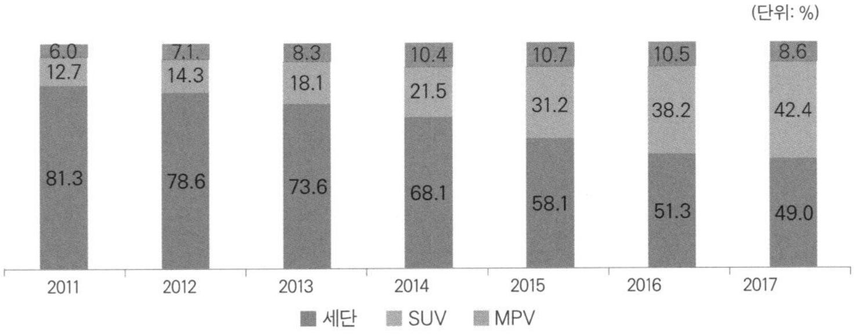

자료: China Auto

중국 토종 자동차 회사, 글로벌 기업 몰아낸다

중국 토종 기업들이 글로벌 자동차 회사들을 중국 시장에서 몰아내고 있다. 이는 중국 정부의 로컬 기업 육성정책에 따른 것이다. 그 결과 중국 토종업체의 점유율은 2011년 41.9퍼센트에서 2016년 43.2퍼센트, 2017년 43.9퍼센트로 늘어났다.

상하이, 둥펑, 이치, 창안, 베이징 등 5개 토종 자동차 회사가 시장을 확대해가는 가운데 이들 기업이 200만 대 생산체제를 구축했다. 중국 자동차 회사의 경쟁력 상승 배경에는 공격적인 해외 M&A, 해외 우수 인력 영입, 정부 지원 등이 큰 역할을 하고 있다.

특히 중국 정부의 적극적인 지원이 기업 성장의 원동력이 되고 있다. 2010년 길리기차는 스웨덴의 자동차 회사 볼보를 인수했다. 독자적인 기술 확보에 매달리자 정부는 전폭적인 지원을 아끼지 않았다. 일례로 지난 5년간 길리기차의 정부 보조금이 총이익의 19퍼센트를 차지할 정도이다.

토종 자동차 회사, 이젠 해외시장 넘본다

중국 시장을 장악해가고 있는 중국 로컬 자동차 업체들이 내수시장의 판매 경험을 앞세워 해외시장을 넘보고 있다. '13·5 규획' 기간(2016~2020년)에 따르면 중국은 양적 성장보다 로컬 브랜드의 해외시장 진출, 친환경차 분야 등에 역량을 집중할 계획이다.

중국 자동차 산업의 수출은 2015년 72.8만 대로 낮은 수준이었지만, 2020년까지 중국 자동차를 300만 대 가량 해외에 판매할 방침이다. 상하이자동차는 2020년까지 자체 브랜드 승용차의 해외 판매 비중을 20~30퍼센트까지 확대할 목표를 세웠다. 첫 단계로 오릉五菱이라는 자체 브랜드를 2017년부터 인도네시아에서 판매하기 시작했다. 둥펑, 창청, 베이징 등은 이집트와 알제리, 브라질, 멕시코 등 신흥국가들에 현지 공장을 세워 글로벌화에 시동을 걸었다.

중국 자동차 회사의 글로벌 시장 진출은 벌써 국내 자동차 회사를 위협하고 있다. 실제 중국 차의 부상은 한국계 업체 → 일본계 업체 → 독일계 업체 순으로 타격을 받게 될 전망이 우세하다.

'3종 3횡 3인프라'로 자동차 산업 키운다

중국 자동차 산업의 미래는 '3종 3횡 3인프라'로 통한다. 3종은 하이브리드 자동차, 100퍼센트 전기자동차, 연료 배터리 자동차를 집중 육성한다는 자동차 육성정책을 말한다. 또 3횡이란 동력 배터리 기술, 자동차 모터 및 모터 총기술, 전기자동차 전기 제어기술을 말한다. 마지막 3대 인프라란 기술표준 법규, 인프라 기술, 평가측정 기술를 의미한다.

한마디로 미래 자동차 시장은 중국이 주도권을 잡겠다는 야망을 드러내고 있다. 이를 위해 중국 정부는 2020년까지 1,000억 위안 규모의 초대형 자동차 부품업체를 육성하고, 로컬 완성차 업체와 부품업체를 2025년까지 글로벌 TOP 10에 진입시키는 내용의 '자동차 산업 중장기 발전규획'을 발표했다.

친환경차로 세계 자동차 시장 생태계 흔든다

중국은 이미 친환경차 시장 세계 1위이다. 2017년 중국의 자동차 판매와 생산은 각각 2,888만 대, 2,901만 대로 세계 자동차 시장의 30퍼센트를 점유하고 있다. 중국은 자동차 판매 부문에서 2009년 미국을 제치고 세계 1위가 됐고, 생산 부문 역시 2009년 일본을 제치고 세계 1위를 차지했다.

중국의 위력은 방대한 시장에 있다. 2016년 기준 중국의 인구 1,000명당 자동차 보유 대수는 140만 7,000대로 미국(837만 3,000대), 일본(597만 대) 등 선진국은 물론 우리나라(425만 5,000대)에 비해서도 크게 낮은 수준이다. 중국의 자동차 보유 수준이 인구 1,000명당 300대만 되어도 자동차 보유 대수는 4억 대를 넘고, 400대가 되면 5억 5,000만 대를 초과하게 된다. 단순히 대체수요만 하더라도 자동차 판매가 5,000만 대를 넘어설 수 있다는 계산이다.

이제 중국이 전기자동차 중심의 친환경차로 시장을 바꾸고 있다. 중국은 친환경차를 '신에너지자동차'로 부르는데, 신에너지자동차의 범위에 하이브리드차는 포함되지 않고, 전기차, 플러그인 하이브리드차, 수소연료전지차 등으로 한정된다. 이 차량들을 통해 내연기관 자동차 시장에서는 후발주자였지만, 친환경차 시장에서는 선발주자가 되어 세계 자동차 시장을 주도하겠다는 구상이다.

목표 역시 구체적이다. 2020년 중국 신에너지차 시장을 200만 대 수준으로 보고, 중국 자체 지적재산권을 보유한 자체 브랜드 차량의 판매를 100만 대로, 혹은 시장 점유율을 70퍼센트에 이르게 한다는 계획이다. 2025년에는 중국 자동차 시장의 20퍼센트를 신에너지차로 보고, 이 중 300만 대 이상 혹은 80퍼센트 이상을 자국 브랜드로 하겠다는 목표도 세웠다. 2030년이 되면 신에너지차 시장이 1,000만 대 이상으로, 중국 로컬 기업이 시장을 주도하며 생산의 30퍼센트는 수출하는 것이 목표이다.

전기차로 시장 열세를 만회한다

중국이 전기자동차 개발에 집중하는 데에는 기존 자동차 시장에서의 열세를 전기차로 만회해 자동차 대국으로, 자동차 강국으로 전

중국 자동차 산업의 질적 특성 변화 방향

	특성 변화 방향
생산 품목	정부 정책으로 EV, PHEV 등의 생산 확대 중소도시 및 농촌 소비 증가로 SUV, MPV 등 생산 증가 부품의 국산화 및 현지화 확대
위상 변화	소형 세단 및 상용차 중심→중형 세단 및 SUV 등 생산 차종 확대 전기차는 중국 업체 중심 생산 및 판매
기업 R&D 역할	중국 로컬 기업들의 R&D 역량 강화 외자계 기업의 중국 내 R&D 역할 확대 동시 추진 거대 자본의 중국 IT 기업의 자율주행시스템 R&D 추진

자료: 조철 외(2016), "중국의 산업 구조 고도화가 한국 주력산업에 미치는 영향과 대응전략", 산업연구원, pp.168.

환하겠다는 구상이 숨어 있다. 나아가 중국 정부는 대기오염 등 환경 문제를 개선하고 수요 다변화를 통해 과다한 에너지의 해외의존도를 낮추겠다는 구상이다. 이를 위해 전자정보기술, 사물인터넷, 클라우드 컴퓨팅, 빅데이터, 모바일 인터넷 등 신기술을 자동차에 융합하는 자율주행차 혁신을 일으키고 있다.

중국인들은 '만도초차彎道超車' 전략을 강조하고 있다. 자동차 경주에서 커브彎道를 돌 때 순위가 확 바뀌듯 세계경제와 기술이 전환기에 선 지금이야말로 중국이 선진국을 추월超車할 절호의 기회란 뜻에서다. 동시에 중국은 '환도초차換道超車'란 신조어까지 만들어 중국의 도약을 독려하고 있다. 환도초차란 커1브 길에서의 추월은 매우 힘들고 넘어질 위험이 크므로 남이 앞서간 길을 따라갈 게 아니라 길을 바꿔換道 달려야 한다는 뜻이다. 알리바바 창업자 마윈이 한 말로 유명하다.

1-1

비야디, 세계 최대 전기차 꿈꾼다

비야디, 세계 최대 전기차 회사 꿈꾼다

비야디는 중국의 테슬라로 불린다. 원래 배터리 생산 회사였지만, 2003년 국영기업인 시안진촨자동차를 인수하면서 자동차 시장에 진출했다. 배터리 기술력을 앞세워 전기차와 하이브리드차를 개발하는 데 집중하고 있다. 특히 2008년 중국 최초로 하이브리드차를 독자 개발한 데 이어 2011년 전기차를 출시하며 전기차 시장을 선도하고 있다.

2008년 출시한 하이브리드차(F3)를 29만 대 판매한 데 이어 잇따라 출시한 전기차(E6)와 플러그인 하이브리드차 친秦 등이 성공을 거두면서 판매량의 20~25퍼센트를 전기차로 판매하는 세계 1위의 전기차 업체로 성장했다.

중국에서 전기차 시장이 급성장한 데에는 중국 정부가 전기자동차를 성장 동력으로 지정한 데 따른 영향이 크다. 중국 정부는 환경

비야디 자동차 생산 추이

(단위: 천 대)

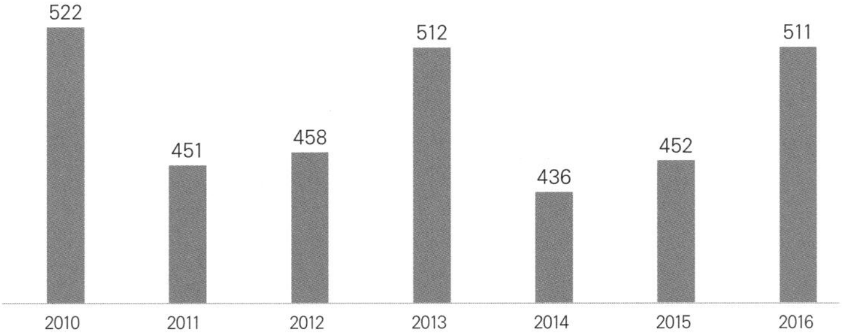

자료: Fourin 世界乘用車メーカー年鑑

주요 업체별 전기차 생산 추이

(단위: 대, %)

	2015년		2016년		2017년	
	판매량	점유율	판매량	점유율	판매량	점유율
비야디	61,726	11.2	100,183	12.9	109,485	8.9
베이징기차	17,040	3.1	46,420	6.0	103,199	8.4
테슬라	50,574	9.2	76,243	9.8	103,122	8.4
BMW	33,412	6.1	62,148	8.0	97,057	7.9
GM	20,233	3.7	32,199	4.1	54,308	4.2
닛산	47,671	8.7	56,498	7.3	51,962	4.2
VW	40,148	7.3	37,523	4.8	43,115	4.3
르노	27,282	5.0	29,701	3.8	40,598	3.0
현대·기아차	9,793	1.8	14,624	1.9	23,456	1.9
기타	242,418	44.1	321,958	41.4	381,066	48.8
합계	550,297	100	777,497	100	1,224,103	100

자료: EV sales

오염을 줄이고 석유 의존도를 낮추는 한편 글로벌 자동차 시장의 판도를 전기차 중심으로 바꾸기 위해 다양한 지원에 앞장서고 있다.

예를 들어, 중국 선전은 정부 정책을 뒷받침하기 위해 시내버스, 택시, 경찰차 등을 전기차로 전환해 비야디의 시장 안착을 지원했다. 이에 힘입어 비야디는 선전에서 45퍼센트의 지분을 투자한 택시 회사를 설립해 전기차를 택시로 운용하고 있으며, 중국 외에도 35개국 100여 도시에서도 택시 회사를 운영하고 있다. 비야디는 플랫폼 공용화를 통해 개발 비용을 낮추고 개발 기간을 단축하는 방식으로 경쟁력을 키우고 있다.

1-2

지리자동차, 프리미엄 브랜드 꿈꾼다

M&A로 세계적 기업을 사냥하다

지리자동차는 프리미엄 자동차 회사를 꿈꾸고 있다. 2010년 스웨덴 자동차 회사 볼보를 인수해 세계를 놀라게 했고 말레이시아의 프로톤Proton과 영국 스포츠카 업체인 로터스, 플라잉카 스타트업인 테라푸지아를 잇따라 인수했다. 나아가 다임러의 지분을 9.69퍼센트나 취득하면서 벤츠의 1대 주주가 됐다. 이른바 M&A 전략으로 무섭게 질주하는 자동차 회사이다. 지분 취득을 통해 최고의 자동차 기술을 확보하는 전략으로 지리자동차는 글로벌 브랜드로 성장하고 있다.

21살 청년 리슈푸, 중국판 정주영이 되다

지리자동차의 창업자는 1984년 당시 21세의 청년 리슈푸였다. 냉장고 부품 제조사로 출범했다. 설립 2년 만에 덩치를 키워 '베이지화'

라는 냉장고 생산 회사로 발전했다. 하지만 1989년 정부 정책에 따라 지정 업체에서만 냉장고를 생산할 수 있게 되면서 베이지화는 생산 자격을 갖추지 못해 문을 닫아야 했다.

리슈푸는 다시 오토바이를 납품하는 국영공장을 사들이는 방식으로 회사를 창업했다. 스쿠터 엔진을 개발해 오토바이를 자체 생산했다. 오토바이 시장을 키운 리슈푸는 1997년, 이번엔 자동차 시장에 도전했다. 교도소 소유 자동차 공장을 인수하는 방식으로 지리자동차를 설립했다. 하지만 인수한 곳은 정부에서 2도어 쿠페 차량만 생산하도록 제약을 둔 곳이었다. 세단 생산 허가를 신청했지만, 번번이 거절당했다. 리슈푸는 "내게도 실패할 기회를 달라"며 끊임없이 정부의 문을 두드렸고 2001년 정식 국가공인 자동차 제조사가 됐다.

M&A로 자동차 기술을 확보하다

지리는 2009년 자동변속기 업체인 오스트레일리아의 DSI를 인수해 6단 자동변속기 기술을 확보했다. 글로벌 금융위기 직후에는 포드로부터 볼보 승용차 사업을 18억 달러에 인수해 볼보가 지니고 있는 원천기술과 지식재산권을 모두 확보했다.

볼보가 축적한 완성차 및 핵심 부품 연구개발 노하우와 인력, 글로벌 유통망 등은 지리의 경쟁력을 단숨에 높여주었다. 또한 볼보 인수로 부품 공급체계를 공유하면서 글로벌 부품사와 협업을 함으로써 품질을 향상시킬 수 있었다. 그 결과 기술력 향상, 저가 브랜드 이미

지리자동차 생산 추이

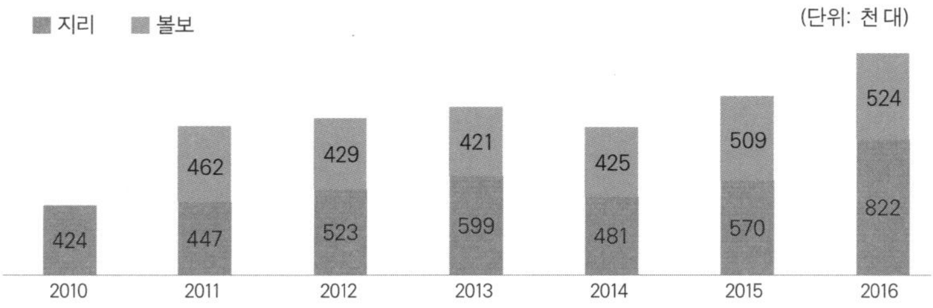

자료: Fourin 世界乘用車メーカー年鑑
주: 2010년 볼보는 지리자동차가 인수 이전

지리자동차의 친환경차 생산공장 투자 로드맵

	내용
하이브리드 시스템 생산공장	- 하이브리드 기술 개발 및 배터리 공급을 위해 배터리 공급업체 Hunan Corun New Energy와 JV 설립 - 친환경차 연간 100만 대 생산 목표 발표 - 370억 위안 1차 투자, 30만 대 규모 공장 설립
배터리 생산공장	- 연간 150만킬로와트시(kWh) 규모의 배터리 생산을 위해 205억 위안 투자 - 연간 8만 대의 배터리 생산 예정
전기차 생산공장	- 연간 10만 대 규모의 전기차 생산을 위해 저장(浙江) 지역에 72억 위안 투자

자료: Fourin 世界乘用車メ__カ__年鑑

지 탈피, 차량 성능 향상, 인지도 개선 등의 효과를 낼 수 있었다.

지리는 해외 진출도 인수 방식을 이용했다. 말레이시아 완성차 업체인 프로톤을 인수하여 동남아 자동차 시장에 진출했다. 말레이시아 등 동남아 국가들은 자동차 관세가 높기 때문에 현지 기업을 인수해 관세를 회피하는 시장 진출 전략을 선택한 것이다.

1-3

니오, 중국판 테슬라 꿈꾼다

중국 자동차 회사, 처음으로 미국에 상장하다

전기차 스타트업 니오Nio, 웨이라이·蔚來는 중국 자동차 메이커 최초로 미국 뉴욕증권거래소NYSE에 진출한 기업이다. 2018년 9월 12일 상장 첫날 총 10억 달러(1조 1,200억 원)의 거래액을 기록해 큰 주목을 받았다. 창업한 지 무려 4년 만에 기업가치 10조 원의 '중국판 테슬라'가 됐고 미국 증시 상장 1호 중국 자동차 회사가 됐다.

니오는 2020년까지 자율주행 전기차를 미국 시장에 선보인다. 미국에 선보일 '이브Eve'는 자율주행 자동차이면서 전기차이다. 노미Nomi라는 AI 에이전트를 통해 제어되는데, 노미는 지속적으로 탑승자의 기호와 요구사항을 학습해 맞춤형 서비스를 제공한다. 최대 6명까지 인식해 개인화할 수도 있다.

창 유리도 여러 용도로 사용된다. 엔터테인먼트를 위한 비디오를 보거나 자율주행 모드가 아닐 때는 일반 차량의 계기판과 같은 역할을 한다. 중국이 만든 차원이 다른 자율주행차가 곧 등장하게 되는 것이다.

니오, 고성능 프리미엄으로 승부 건다

니오는 중국판 테슬라를 꿈꾸고 있다. 이 꿈을 이루는 데 중국 인터넷 기업 텐센트와 바이두뿐만 아니라 사모펀드 힐하우스캐피털, 싱가포르 국부펀드 테마섹 등이 투자자로 참여하고 있다. 거대 자본들이 자체 기술 개발과 프리미엄 브랜드 개발을 지원하고 있는 것이다.

2017년 BEV 슈퍼카인 NIO EP9을 선보이며 내연기관 슈퍼카인 람보르기니 우라칸 퍼포만테보다 빠른 주행기록을 과시했다. 세계에서 가장 빠른 EV 레이스인 '포뮬러 E'에도 참가해 성능을 자랑했다.

니오는 2018년 첨단 신기술로 무장한 SUV 전기차를 출시해 프리미엄 브랜드의 이미지를 구축하고 있다. 경량화를 위해 샤시와 바디를 알루미늄으로 제작했으며 세계 최초로 차량용 AI 보조시스템을 탑재해 음성인식을 통해 내비게이션, 사진 촬영, 차량 통제가 가능하

니오가 출시한 전기승용차

도록 했다. '니오 파일롯Nio Pilot'이라는 자율주행시스템은 반자율주행까지 가능하다.

우리에게 주는 시사점

국내 자동차 업체들은 다소 보수적이며 단기수익을 지향하는 경영전략에 빠져 있다. 동시에 전기차와 같은 선행 연구개발 능력 부족, 경직된 노사관계, 정부 지원 부족 등으로 기업 홀로 고전하고 있다. 게다가 글로벌 환경 및 안전규제 강화에 따른 비용 증가 등의 구조 요인과 중국, 미국 등과 같은 핵심시장 내 판매 부진, 내수 부진 등이 겹쳐 한국 자동차 산업의 위기론까지 대두되고 있다. 이런 가운데 중국 자동차 산업이 경쟁력을 확보하게 되면 우리 자동차 산업 생태계 전반에 치명적인 충격을 주게 된다. 차별화 전략을 통한 원가경쟁력 개선과 브랜드 가치 제고, 생산효율화 등의 적극적인 노력이 절실하다.

2

세계 최강, 드론 산업

정부라는 날개 달고 '훨훨' 나는 중국 드론

중국 민수용 드론 산업의 3대 동력은 중국 정부의 정책 지원과 연구개발 투자, 빠른 속도로 증가하는 시장 수요다. 아이리서치i-Research가 발표한 '2016년 중국 드론 산업 보고서'에 따르면 2020년 중국 드론 시장 규모는 465억 위안에 달할 것으로 전망됐다. DJI도 높은 기술력과 거대한 중국 내수시장, 선전의 우수한 인프라, 중국 정부의 정책 지원 덕에 세계 드론 시장의 70퍼센트를 점유하는 선도 기업으로 급성장할 수 있었다.

세계 1등, 중국의 드론 시장

중국이 세계 최강의 드론 왕국을 만들고 있다. 세계 드론 판매량 중 군 사용은 2.9퍼센트, 산업용은 29.1퍼센트, 소비용은 약 68퍼센트로 소비용이 가장 많은 시장을 차지하고 있다. 중국인들이 구입하는 드론 종합순위 1위부터 10위까지 모두 DJI의 드론일 정도로 DJI가 압도적인 1위를 차지하고 있다.

점유율은 중국 소비용 드론 시장의 52퍼센트에 달한다. DJI는 다른 여타 중국 기업과는 달리 설립 당시부터 내수시장이 아닌 수출시장을 겨냥했다. 그 결과 현재 매출 중 85퍼센트가 수출이며, 전 세계 민간용 드론 시장에서 1위를 차지하고 있다. 중국의 현지 시장조사기관 즈앤컨설팅은 2017년 기준 중국의 민간용 드론 제조시장을 54억 위안으로 추정했다. 연간성장률이 50퍼센트에 달하고 2018년 시장

중국 민간용 드론 시장 성장 추이

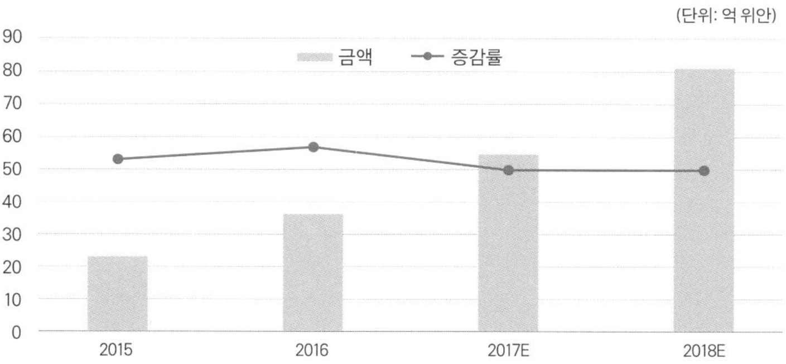

자료: 즈앤컨설팅, 2017. 1; "비행하는 중국의 드론 산업", 한국무역협회 베이징지부, 2017. 5, 재인용

규모가 81억 위안으로 추정된다.

드론 회사별로 시장 점유율은 DJI가 약 52퍼센트이고, 제로테크Zerotech 24.3퍼센트, 프랑스 패롯Parrot 4.63퍼센트로 그 뒤를 잇고 있다. 서비스 시장을 포함해 2020년 600억 위안(약 90억 달러) 규모에 달하고, 이 중 상업용 드론은 전체의 67퍼센트인 400억 위안 규모로 성장할 전망이다. DJI, 이항 등은 브랜드 파워를 앞세워 징둥, 타오바오, 톈마오 등 온라인 쇼핑몰에서 개인용 드론을 판매하고 있다.

중국 드론협회에 따르면 중국 내 민간 드론 기업은 연구개발, 생산, 운영기업 등을 포함하여 1,200개에 달하고 이 중 300개가 선전에 위치해 선전이 '드론의 메카'로 부상하고 있다. 중국 드론 산업은 ① 저비용의 양산체제 ② 시장 수요형 모델 개발 ③ 분야 특성별 시장 세

중국의 민간 드론 산업 특징

구분	주요 내용
저렴한 비용의 양산체제 구축	- DJI의 보급형 모델 '팬텀(Phantom)' 출시로 드론 가격이 1,000달러 이하로 하락, 이는 당시 동일 성능 모델 가격의 절반 수준임. 이후 휴대용 클라우드 팬틸트(Pan-tilt)는 경쟁모델 가격의 5분의 1 수준까지 하락시켜 일반 대중의 구매력 범위 진입 성공
시장 수요에 적합한 모델 개발	- 조립 지식이 필요했던 기존 제품에서 벗어나 조립이 불필요하고 사용방법이 단순해진 모델 출시
특성별 시장 세분화로 비교우위 확보	- 중국 드론 기업들은 한 분야에 주력하여 차별화 및 비교우위 구축· 지페이(Xaircraft)는 물류, 농업 등 분야에 주력 - 제로테크는 중대형 드론, 치안 감시 드론에 주력
개방형 생태시스템 구축으로 고객 만족도 극대화	- 중국 내 민간 드론 기업들의 대부분은 2차 개발 플랫폼 개방 - DJI의 소프트웨어를 개방함으로써 제3자가 이를 이용하여 자체 수요에 적합한 애플리케이션 소프트웨어를 개발하도록 권장 - 핵심 프로그램인 비행제어플랫폼 역시 제3의 드론 개발자 및 제조업체에 별도 운용 가능하도록 판매

자료: 소후닷컴, 한중과학기술협력센터 재인용

분화, ④ 개방형 생태시스템 구축을 통해 시장을 선도하고 있다.

중국 드론 산업, 국가가 만들다

중국의 드론 산업은 국가에서 만든 것이라고 해도 과언이 아니다. 중국 정부는 드론 산업 성장의 발목을 잡는 규제라는 지적이 나오면 이를 과감히 완화했다. 특히 DJI 본사가 있는 선전시는 '통용항공비행관제조례'까지 만들어 드론 산업 육성을 지원했다. 구체적으로 드론 비행 신청 계획, 사용 항공지역 등 요건을 명확히 규정해 드론 산업의 발전을 이끌었다. 베이징 등 군사·도심 지역까지 앞장서서 소형 토이드론의 비행은 제한하지 않도록 규정했다. 동시에 중국 정부가 주도해 선전과 광둥 지역에 민간 드론 제조 공장과 연구소를 집중 육성하고 있다.

후난성은 2014년 3월, '농업용 드론 지방표준'을 제정해 농업용 드론 보급을 지원했다. 중국 국무원은 2016년 3월, '일반항공법 발전 촉진 관련 지도의견'을 통해 전문가급 드론 및 엔진 등의 연구개발과 응용을 지원하고 있다.

규제에 대한 접근법도 달랐다. 민간용 드론 산업에 대해 정부가 원칙적으로 허용하고 이후 발생하는 문제는 사후에 보완하는 방법으로 신산업을 적극 독려했다. 드론 산업에 대하여 선先허용·후後보완 형태의 네거티브 규제를 적용함으로써 기업들의 활발한 연구개발 및 활용을 장려한 것이다. 완전히 규제에 발목이 잡혀 있는 한국과는 다른 모습이다.

국내 항공안전법은 비행금지구역, 공항 주변(관제권), 고도 150미터 이상, 행사장 등 인구밀집지역, 군 시설 주변, 야간비행(일몰 후~일출 전), 가시권 밖 비행은 아예 하지 못하도록 되어 있다. 드론 수요가 많은 서울은 대부분이 비행금지구역과 비행제한구역이라, 드론을 날리려면 수도방위사령부의 사전 승인을 매번 받아야 한다. 이를 위반할 경우 최대 200만 원의 벌금이 부과된다. 무게가 13킬로그램 이상인 드론은 비사업용일지라도 해당 지방항공청에 '장치신고'를 해야 한다. 25킬로그램이 넘으면 교통안전공단으로부터 '안전성 인증'도 받아야 한다. 무게와 상관없이 지방항공청이나 국방부의 '비행 승인'도 필요하다.

드론도 제대로 못 날리는데 한국 정부는 드론 기술의 경쟁력 세계 5위권 진입을 목표로 설정했다.

'중국 실리콘 밸리' 선전, 모든 버스와 택시를 전기차로 바꾼다

선전시가 모든 버스와 택시를 전기차로 바꾼 세계 최초의 도시가 될 것이라고 홍콩 〈사우스차이나모닝포스트SCMP〉가 2018년 10월 23일 보도했다. SCMP에 따르면 첨단 제조업과 IT 산업이 발달해 '중국의 실리콘밸리'로 불리는 선전시는 2017년 말까지 시내 1만 6,000여 대의 버스를 전기차로 교체한 데 이어 2018년 말까지 1만

3,000여 대의 택시도 모두 전기차로 바꿀 방침이다. 2014년에는 전기차 한 대당 보조금을 10만 위안(약 1,640만 원)으로 늘렸으며, 이때부터 중국의 전기차 판매량은 급격히 늘어났다. 2017년 중국의 전기차 판매량은 77만 대로, 전 세계에서 판매된 전기차 중 절반 이상이 중국에서 팔렸다.

드론, 중국의 주요 수출품목 되다

드론은 중국에 떠오르는 수출산업이 되고 있다. 2014년 이후 수출액이 급격하게 늘기 시작해 2017년 기준 12억 8,084만 달러에 달한다. 무역수지 또한 2014년을 기점으로 흑자 전환하여 2017년에는 사상 최대치인 12억 475만 달러(한화 약 1조 3,460억 원 규모)를 기록했

중국의 드론 관련 규정 제·개정 현황

시기	내용
2009년 6월	민용항공국에서 민간 무인기 비행 관리방법 정의
2013년 11월	'민용 무인기 조종자 관리 임시규정' 제정
2014년 7월	저고도 항공영역의 사용에 대한 관리 규정 제정 → 사실상 저고도 공역을 드론 사용영역으로 개방
2015년 4월	'무인기 관련 무선주파수 사용에 대한 통지' 발표 → 840.5~855MHz, 1,430~1,444MHz, 2,408~2,440MHz 주파수 대역을 무인기 사용영역으로 명시
2015년 12월	'소형 무인기 운행규정' 제정
2017년 5월	민용 무인조종 항공기 실명등록 관리방법 → 중국 내에서 최대 이륙 중량 250그램 이상의 민용 무인기의 소유자에 대한 실명등록 의무

자료: 김지훈, "중국법상 무인기(드론) 규제현황과 시사점", 경희대학교 법학연구소, 2017. 9.

중국 기업들의 상업적 드론 이용 현황

기업	내용
바이두	- 2015년 6월 바이두의 자회사 테이크어웨이(Takeaway)와 이항의 고스트 드론이 제휴 - 사흘간 베이징 외곽지역에서 점심시간 때 드론을 활용한 피자 배달 서비스 테스트 실시
알리바바	- 2015년 2월 알리바바의 인터넷쇼핑몰 타이바오는 드론 배송 서비스 테스트를 실시 - 운송업체인 YTO익스프레스와 제휴해 드론이 배송지 근처까지 배달하면 택배기사가 상품을 고객에게 전달하는 방식으로 진행 - 베이징, 상하이, 광저우 등 대도시의 고객이 대상
텐센트	- 2016년 1월 CES에서 민간용 드론 '잉(YING)' 소개 - 중국의 드론 제조업체 중 하나인 링두(零度, 제로테크)와 제휴 - 퀄컴이 제공한 드론 전용 개발 플랫폼 '스냅드래곤 플라이트' 활용
샤오미	- 2016년 5월에 첫 번째 드론 '미드론(米Drone)'을 공개 - 4K 동영상을 촬영할 수 있는 고급형과 1,080p 해상도의 보급형 드론을 공개 - 가격은 40~50만 원대에 불과해 DJI의 팬텀 시리즈에 비해 30~40% 수준에 불과하나 가격 파괴력 외에 기능성의 차별성은 미미한 것으로 평가
SF익스프레스	- 중국 공군과 합동하여 2022년까지 군수물자의 수송, 저장, 보급에 드론 활용

자료: 오철, "중국 드론 산업 규제완화 정책의 특징과 한국에 대한 시사점", 한국경제연구원, 2016. 12, 보도자료 참고하여 산업연구원 작성

다. 주요 수출 비중은 2017년 기준 홍콩 41.12퍼센트, 미국 34.49퍼센트, 독일 3.3퍼센트, 한국 0.29퍼센트를 차지한다.

2-1

DJI,
민간용 드론 시장의 최강자

DJI, 드론 신드롬 일으키다

DJI는 2006년에 중국판 실리콘 밸리인 광둥성 선전시에 설립된 중국 회사로 드론계 애플로 불리며 '드론 신드롬'을 일으키고 있다. 정식 이름은 대강창신과기유한공사大疆创新科技有限公司, 영문으로는 DJI로, 대강의 중국어 발음 'Dà Jiāng'과 창신을 뜻하는 영어 'Innovation'의 머리글자를 땄다.

DJI는 세계 드론 시장의 70퍼센트를 장악하며 독보적인 1위를 달리고 있다. 드론 판매만으로 2017년 매출 27억 달러(약 3조 원)를 올렸다. 전문가들은 DJI의 디자인 전문성, 가격경쟁력을 토대로 2020년까지 매출 110억 달러를 돌파할 것으로 전망한다. 미국의 3D 로보틱스Robotics 10퍼센트, 중국의 유닉Yuneec 2퍼센트, 프랑스의 패롯 2퍼센트 등이 그 뒤를 잇고 있다. 드론 산업이 뜨면서 이항, 하워Harwar, 워케라Walkera 등 혁신형 후발주자들이 속속 시장에 뛰어들

DJI사의 대표 모델 '팬텀'

자료: DJI 홈페이지

고 있다.

DJI의 성장을 이끈 드론은 2011년 일반 소비자를 겨냥해 내놓은 '촬영용 드론'이었다. 기존 부품조립식의 드론이 아닌 완제품 드론을 대중적으로 디자인하고, 가격을 200만 원대로 낮춰 '팬텀' 돌풍을 일으켰다. 비결은 초보자라도 쉽게 접근할 수 있도록 혁신을 일으킨 데 있었다.

'짐벌 기술'로 세계인을 사로잡다

DJI는 초창기 비행 제어기 등 항공기 부품을 만드는 조그마한 제조업체에 불과했다. 하지만 드론의 미래를 내다보고 소형 카메라를 장착한 드론을 내놓으면서 드론 열풍을 일으켰다.

여기에는 '짐벌gimbal 기술'이라는 혁신이 숨어 있다. 짐벌이란 드론이 비행하는 동안 발생하는 진동을 스스로 흡수해 카메라가 흔들림 없이 촬영되도록 해주는 기술을 말한다. 이 기술은 한국보다 몇 년 앞서 있는 것으로 평가된다. 특히 부품 제조업체가 밀집한 생태계 내에 회사가 있어 대부분의 부품을 저가에 생산하며 가격 혁신까지 일으켰다. 그 결과 DJI의 매출에서 외국이 차지하는 비중이 85퍼센트를 웃돈다. 게다가 30퍼센트는 미국에, 20퍼센트는 유럽에 수출하고 있다. 그만큼 경쟁력을 인정받고 있는 것이다.

2006년 창업 당시 5명에 불과했던 직원은 지금 8,000명이 넘는다. 특이사항은 전체 인력 중 연구개발 인력 비중이 3분의 1에 달하고 지위 고하를 막론하고 아이디어를 내면 아이디어 제공자 중심으로 팀을 편성해준다. 예를 들어, 2012년 인턴으로 재직하던 대학생 천이

DJI 매출액 추정치

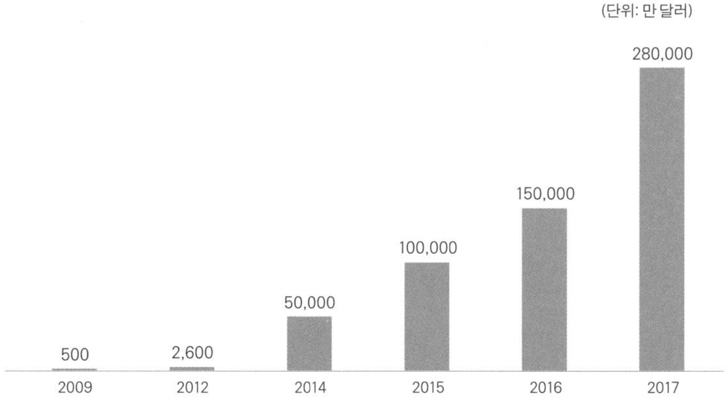

출처: Oppenheimer, Platum, 조선비즈 자료를 토대로 산업연구원 정리

기업별 드론(500~1,000달러) 판매 점유율

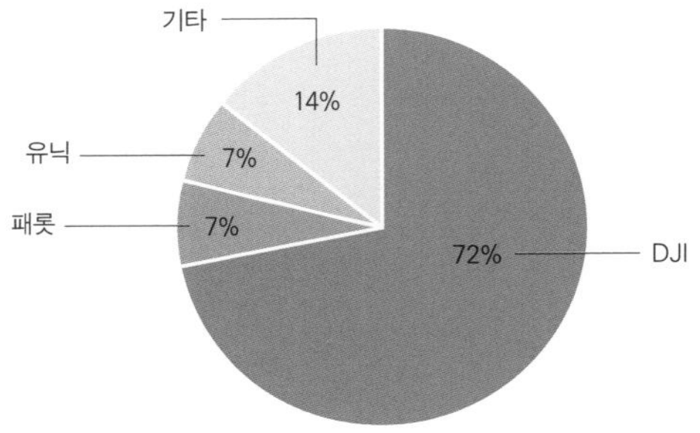

출처: Skylogic, 2017.
주: 기타에는 고프로(Go Pro), 샤오미, 3D로보틱스 등이 포함

치陳逸奇가 공중에서 360도 회전 촬영하는 아이디어를 제시하자, 이와 관련한 연구비를 지원하는 한편 그를 팀장으로 임명해 연구원 100여 명을 지원해줬다.

석·박사급 인력을 주력으로 삼는 다른 중국 기업과 달리 DJI는 학사급 연구 인력을 뽑아 실습을 통해 실무 연구 인력을 양성하는 것도 특징이다.

성공비결은 무엇일까?

DJI의 고성장 뒤에는 혁신성과 기술력, 빠른 개발 속도, 우수한 연구개발 인재, 가치사슬 생태계 등이 큰 역할을 했다.

DJI의 혁신은 외부로부터 왔다. 2015년부터 이용자에게 SDK(소프트웨어 개발도구)를 개방해 누구나 드론을 운용 목적에 적합한 상업용으로 개발할 수 있도록 했다. 그 결과 푸단대학과 지능형 도시 솔루션을 구축할 수 있었다. 푸단대학이 DJI의 소프트웨어 개발 부품을 오픈형 비행플랫폼과 결부시켜 지능형 교통시스템을 구축한 것이다.

중국 정부의 적극적 투자 아래 2017년 10월 기준 드론 관련 글로벌 특허출원 건수가 1,500건 이상일 정도로 혁신 속도가 빨라 평균 6개월마다 신제품이 나오고 있다.

전체 매출액의 7퍼센트를 연구개발에 투자하고 2,600명의 우수한 연구개발 인력 역시 자랑거리이다. 특히 평균 연령 27세로 능력과 성과를 바탕으로 한 열린 조직 문화를 정착시켰다.

DJI는 드론 품질 향상을 위해 협업에 적극적으로 앞장섰다. 2015년 스웨덴의 명품 카메라 기업인 하셀블라드의 일부 지분을 인수하고 공동 연구를 통해 1억 화소급 하셀블라드 카메라를 장착한 드론을 개발했다. 기체 충돌 회피 기능 보강을 위해 세계 최고 화상

가치사슬 단계별 핵심 역량

가치사슬 단계	핵심 역량	핵심 역량의 구성요소
연구개발, 디자인, 기획	개념화 역량 (pre-production)	- 신제품 개발 및 이에 필요한 지원 기술 개발을 수행할 수 있는 역량 - 연구개발, 디자인, 생산기획 등 - 높은 혁신 역량과 직결
조달, 조립	제조 역량 (production)	- 부품의 조달, 조립 및 최종재 생산 역량 - 높은 생산 역량과 직결
유통, 마케팅	물류 역량 (post-production)	- 부품이나 최종재를 시장에 낼 수 있는 역량 - 높은 유통(distribution) 역량과 직결

자료: 김계환 외, "비즈니스 기능 분석을 통한 신산업정책방향 연구", 산업연구원, 2015. 12.

드론의 가치사슬 단계별 참여 기업 현황

자료: 플래텀, 2016. 7. 8.

畵像인식 전문 반도체 회사인 미국 모비디우스와 핵심 기술을 개발했다. 나아가 미국 캔자스주립대와는 밭의 영양과 수분 상태를 드론으로 모니터링해 비료와 물 사용 비용을 줄이고 수확량을 늘리는 기술을 개발했다. 미국 실리콘 밸리와 도쿄 시나가와 역 주변에 연구개발 거점을 만들어 캐논, 니콘, 소니 등 세계적 카메라 기업의 엔지니어들을 스카우트하기도 했다.

2-2

이항, 유인 드론의 선구자

세계 최초의 유인 드론을 만들다

드론은 원래 무인 비행선이다. 이 드론을 사람이 탈 수 있는 '유인 드론'으로 발전시킨 회사가 바로 2014년 설립된 이항이다. 이항은 세계 최초로 유인 드론 '이항 184'를 개발해 실제 승객을 태우고 시험 비행하는 데 성공했다. '이항 184'의 184는 1명의 승객, 8개의 프로펠러, 4개의 팔이라는 뜻을 담고 있다.

이 유인 드론은 승객 1명을 태우고 운항하는 자율주행 드론으로 '날아다니는 자동차'라는 별명까지 얻었다. 두바이는 이 드론을 콜택시로 도입해 2030년까지 전체 택시의 25퍼센트를 대체할 방침이다. 목적지를 설정하면 알아서 비행하고 비행 중 장애물을 만나면 스스로 피하고 착륙한다. 최대 16킬로미터를 23분 동안 날 수 있다. 응급 상황이 생기면 사람이 원격조종할 수 있는 기능까지 갖추었다.

300미터를 수직으로 상승하거나 230킬로그램 중량을 싣고 시속

세계 최초의 유인 드론 '이항 184'

자료: 이항 홈페이지

130킬로미터로 고속 주행을 할 수 있다. 이항이 상용화되면 세계 최초의 '하늘을 나는 택시'가 될 전망이다.

이항, 설립 2년 만에 유니콘 되다

이항은 무서운 속도로 성장하고 있다. 글로벌 드론 시장의 '다크호스'로 부상하며 설립 2년 만에 100배에 달하는 10억 7,000만 위안으로 평가받아 단숨에 유니콘(기업가치 10억 달러 이상 비상장 기업) 리스트에 올랐다.

사업 초기에 중국의 크라우드펀딩 사이트인 '데모아워'에서 37만 위안(약 6,500만 원)의 자금을 유치한 것을 시작으로 2014년 12월 GGV캐피털, 젠펀드ZhenFund, Lebox캐피털 등으로부터 1,000만 달러(약 120억 원), 설립 17개월 만인 2015년 8월에는 GP캐피털 등으로부터 4,200만 달러(약 500억 원)의 투자 유치에 잇따라 성공했다. 그만큼 성장성 있는 비즈니스 모델로 무장했던 것이다.

이항은 가장 먼저 틈새시장을 노렸다. 스마트폰 앱으로 조종할 수 있는 드론 '고스트Ghost'를 출시했다. 이전까지의 드론은 크고 무거운 조종기가 필요한 데다 라디오 전파를 이용해 무선제어RC, Radio Controller를 해야 했다. 하지만 고스트는 '5살 어린이도 사용할 수 있는 직관적인 앱'을 개발해 초보자도 누구나 사용할 수 있도록 했다. 또한 사용자가 다른 활동을 하고 있을 때 드론이 자동으로 사용자를 추적해 따라오는 '자동추적 기술'을 통해 다양한 스포츠 활동에 드론을 활용할 수 있도록 했다. 2015년 11월에는 세계 최초로 휴대폰 자동화 간이조종과 VR 안경을 결합시켜 침수식 항공 촬영이 가능한 지능형 드론 '고스트 드론 2.0'을 개발했다.

성공 비결은 무엇일까?

이항의 성공 뒤에는 역시 정부의 적극적인 지원이 있다. 규제에 걸리는 신제품을 만들더라도 정부는 유연하게 대응했다. 먼저 허가를 내준 뒤 시제품 개발과 실증 테스트가 이뤄질 수 있도록 탄력적이고 포용적인 정책을 폈다. 특히 정부는 기업이 위치한 광저우를 저고도 항로 개방 시범도시로 지정하고, 2017년 10월 광둥성 샤오관韶關 시는 이항과 드론 스마트 도시 건설을 위한 협약을 체결하기까지 했다.

드론 산업 경쟁국인 미국은 유인 드론을 엄격하게 규제했지만, 중국은 규제를 풀어 유인 드론 '이항 184'의 시험 비행을 허용했다. 심지어 광저우 고위 공무원이 '이항 184'를 직접 타는 시연을 통해 정부의 드론 산업 육성에 대한 강한 의지를 드러냈다. 정부가 앞장서서 2016년 12월 세계 최초로 드론 관제센터를 구축해주기도 했다.

중국,
철강 강국으로 도약 중

중국, 철강 최대 생산국이자 소비국

중국이 산업의 쌀, 철강 강국이 되기 위한 질주가 시작됐다. 중국은 높은 성장률을 앞세워 1996년 세계 최대 조강 생산국이 됐다. 2017년 중국의 조강 생산량은 약 8억 3,000만 톤 규모이며 세계 시장 점유율은 2007년 36.3퍼센트에서 2017년 49.2퍼센트로 증가했다. 게다가 2017년에는 철강재 기준으로 전 세계 철강 소비의 46.4퍼센트를 차지하는 철강 소비 대국으로 부상했다.

중국은 철강 교역에 있어서도 최대 철강 수출국이며 상대적으로 적은 수입량으로 인해 순수출 규모도 세계 최대이다. 2017년 기준 중국의 수출량은 약 7,500만 톤 규모로 전 세계 총 수출(약 4억

6,000만 톤)의 약 16퍼센트를 차지하고 있다. 세계 최대 철강 순수출국으로 중국은 2017년 약 6,100만 톤을 순수출해 2위인 일본(3,100만 톤)의 약 두 배 규모가 됐다.

조강 생산량 추이(1996-2017)

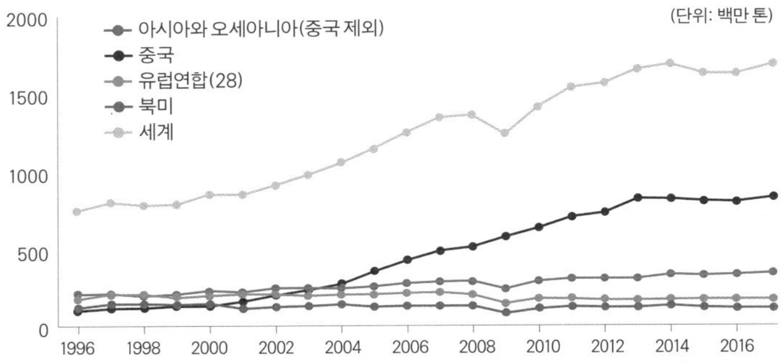

자료: www.worldsteel.org
출처: World Steel in Figures 2018, 세계철강협회, 2018.

2017년 철강 주요 수출국 및 수입국

(단위: 백만 톤)

총수출			총수입		
순위	국가	수출량	순위	국가	수출량
1	중국	74.8	1	EU 28개국	41.2
2	일본	37.5	2	미국	35.4
3	한국	31.4	3	독일	27.1
4	러시아	31.1	4	이탈리아	20.1
5	EU 28개국	31.1	5	한국	19.3
6	독일	26.4	6	베트남	16.2
7	이탈리아	18.2	7	터키	15.8

8	벨기에	18.1	8	프랑스	15.1
9	터키	16.6	9	태국	14.5
10	인도	16.3	10	벨기에	14.1
11	브라질	15.3	11	중국	13.9
12	우크라이나	15.2	12	멕시코	13.5

출처: World Steel in Figures 2018, 세계철강협회, 2018.

주요 철강업체별 조강 생산

(단위: 백만 톤, %)

2007년			2017년		
순위	국가	생산량	순위	국가	생산량
1	아르셀로미탈 (룩)	116.40	1	아르셀로미탈 (룩)	97.03
2	신일본제철 (일)	34.50	2	바오우강철그룹(중)	65.39
3	JFE 스틸 (일)	33.80	3	NSSMC 그룹 (일)	47.36
4	포스코 (한)	32.78	4	HBIS 그룹 (중)	45.56
5	비오산철강 (중)	28.58	5	포스코 (한)	42.19
6	타타스틸그룹(인)	26.52	6	사강그룹 (중)	38.35
7	사강그룹 (중)	22.89	7	Ansteel Group (중)	35.76
8	당산강철 (중)	22.75	8	JFE 스틸 (일)	30.15
9	US 스틸(미)	20.54	9	Shougang 그룹 (중)	27.63
10	우한 (중)	20.19	10	타타스틸그룹(인)	25.11

출처: World Steel in Figures 2018, 세계철강협회, 2018; Top Steel Makers 2007, Meltal Bulletin.

강력한 공급측 개혁으로 질적 성장

중국은 13차 5개년 기간 동안 약 1.5억 톤의 과잉설비를 폐쇄한다. 과잉생산으로 초래될 저가격경쟁을 막아 기업의 수익성 악화를 막기 위한 것이다. 이에 앞서 2016년 6,500만 톤 규모의 설비를 폐쇄했고 2017년에는 55만 톤의 설비를 폐쇄해 모두 1억 2,000만 톤의 설비를 폐쇄하는 고육지책을 내놨다.

특히 저급 철강재를 생산하는 저효율 설비인 유도로Induction Furnace 설비를 폐쇄하는 극단의 조치를 내렸다. 유도로는 도가니에 감은 코일에 전류를 흘려 열을 발생시켜 저급 철강재 '띠티아오강Ditiaogang'를 생산하는 저효율 설비다. 띠티아오강은 통계에도 잡히지 않아 철강 공급과잉의 주범으로 꼽히고 있다.

중국의 유도로 설비

출처: 심상형(2018), 산업연구원 세미나 발표자료

중국 10대 철강사의 시장 점유율 전망

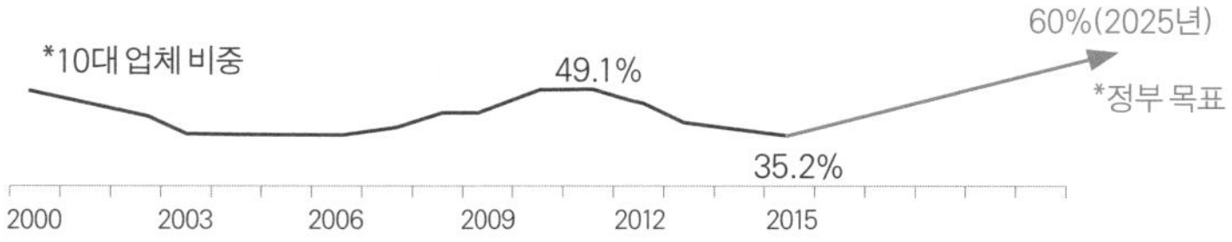

출처: 심상형(2018), 산업연구원 세미나 발표자료; 원출처: 국무원(2016년)

3-1

보무강철, 스마트 철강 기준을 제시한다

세계 2위 철강 괴물, 세계 판도 흔든다

보무강철은 2016년 12월 중국의 보산과 무한강철의 통합으로 태어났다. 세계 2위 철강 괴물이 되어 세계 철강업계의 판도를 뒤흔들고 있다. 2017년 3월에는 통합 상장사를 출범시켰다.

보무강철은 철강업계의 과제인 '스마트 철강' 분야에서 선도자를 자처하고 있다. 스마트 제조와 플랫폼 서비스라는 양날개를 통해 철강 산업을 선진화하는 일체양익一體兩翼(철강 본업 + 스마트 제조, 플랫폼 서비스) 스마트 전략을 추진하고 있다. 이른바 철강 제조 4.0 모델이다. 이 모델은 '3(스마트 설비, 스마트 공장, 스마트 마케팅) + 1(스마트 인프라 설계)' 전략이다.

철강 플랫폼 서비스는 IT 신기술과 보무강철의 금융, ICT, 가공, 유통 등 기존 사업을 결합해 '원스톱 철강유통시스템'을 구축함으로써 개방형 플랫폼을 만드는 것이다.

보무강철의 일체양익 전략

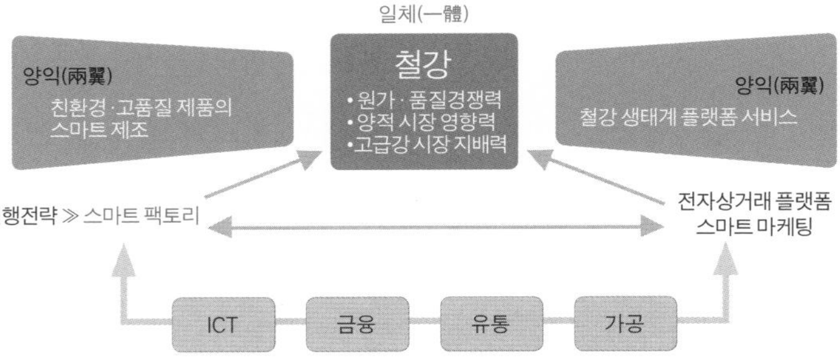

출처: POSRI 이슈리포트, 2018. 2. 8.

철강 산업으로 4차 산업혁명 실험 중

중국은 철강 산업을 앞세워 4차 산업혁명을 실험하고 있다. 스마트 전략의 핵심은 '스마트 제조'와 '플랫폼 서비스' 구축이다. 사물인터넷, 원격제어, 스마트최적화, 가상제조의 4개 부문으로 구성된 가상과 현실을 연결하는 CPSCyber Physical System 플랫폼을 구축한다. 이를 통해 중국강철협회, 국가통계국, 공급상, 설비업체, 고객 등으로부터의 피드백 반영이 가능한 스마트 공장과 무선진단, 원격제어 같은 고장예측 모델의 운영이 가능한 스마트 설비를 구축하고 있다.

예를 들어, 스마트 팩토리 시범사업으로 추진된 '열연1580 시범공장'은 로봇 149대로 무인화함으로써 에너지 소비를 5퍼센트, 원가를 20퍼센트 절감하는 한편, 노동생산성은 10퍼센트 향상시키는 데 기여했다.

IT 신기술과 보무 관련 산업 결합한 철강유통시스템

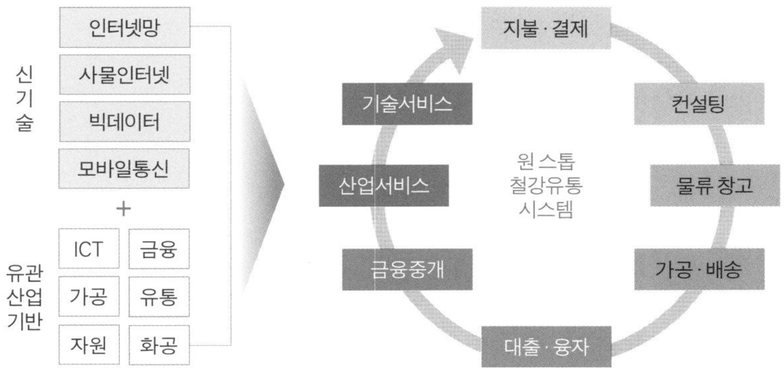

출처: 심상형(2018), 산업연구원 세미나 발표자료

'플랫폼 서비스' 전략은 IT 신기술과 보무강철그룹의 유관 산업 기반을 결합하여 철강유통시스템을 개방형으로 구축하는 일이다. 철강업의 가치사슬에서 비효율성이 높은 부문은 유통 분야라는 인식에 따라 철강업 환경과 거래 패턴 변화를 겨냥해 새로운 유통 모델로 시장을 선도하겠다는 전략이다. 물류창고, 가공·배송, 금융중개 및 대출 서비스, 지불·결제 서비스 등을 탑재해 동시에 제공한다.

현재 운영 중인 보무강철의 서비스 플랫폼(Ouyeel, 구야운상)에서는 플랫폼상의 빅데이터 분석을 통해 고객별로 정교한 서비스를 제공하고 있다. 구야운상을 통한 철강 거래량이 2016년 3,786만 톤에 달할 정도로 거대 플랫폼으로 자리 잡고 있다.

보무강철은 플랫폼을 활성화하기 위해 글로벌 기업, 대형 고객사, 파트너 철강사 등에게 총 19.5퍼센트의 지분을 개방해 글로벌 철강거

보무강철의 생산—서비스 플랫폼

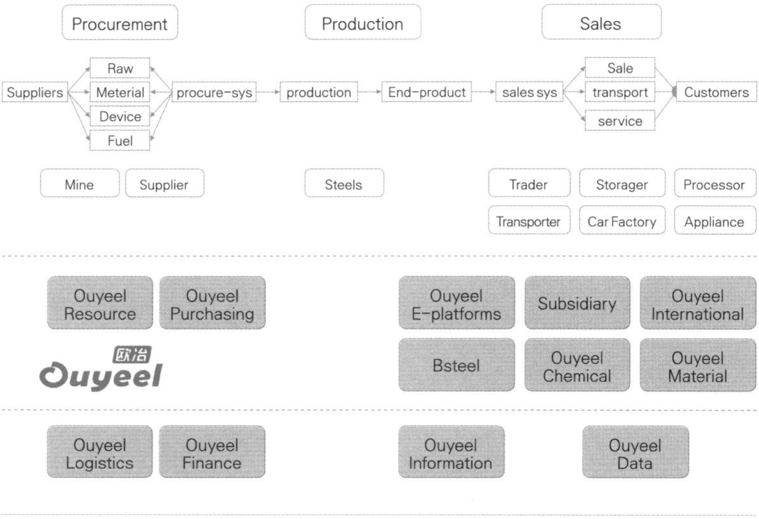

출처: 심상형(2018), 산업연구원 세미나 발표자료; 원출처: 보강 대외 발표자료(2017. 4)

래 플랫폼으로 발전시켜나가고 있다. 이 플랫폼을 통해 장기적으로 2억 톤을 거래할 계획이다.

3-2

하북강철, 질적 고도화 모색 중

하북강철, 양적 성장을 버리다

하북강철은 2008년 당산강철과 한단강철의 합병을 통해 탄생했다. 조강 생산 규모가 4,600만 톤으로 세계 3위 철강 회사가 됐다. 하지만 과도한 양적 확대 전략으로 인해 부채비율이 급상승하고 경쟁사 대비 낮은 영업이익률을 기록하면서 재무 구조가 악화되자 양적 성장을 과감히 버렸다.

대신에 노후설비를 폐쇄하고 신생산기지를 세워 고부가가치 제품 생산에 주력하고 있다. 임해 지역(러팅제철소)에 최신 제철소를 건설해 2019년까지 약 1,000만 톤 규모의 판재류와 프리미엄급 조강류를 생산할 예정이다. 2020년까지 프리미엄 강재의 판매 비중을 2017년 기준 54퍼센트에서 70퍼센트로 확대하고 전략제품의 판매 비중도 31퍼센트에서 50퍼센트로 확대해 수익성을 개선할 방침이다.

중국 최초로 구축된 산학협동 철강기술 연구개발 플랫폼인 동북

하북의 세전이익률(좌) 및 부채비율(우) 추이

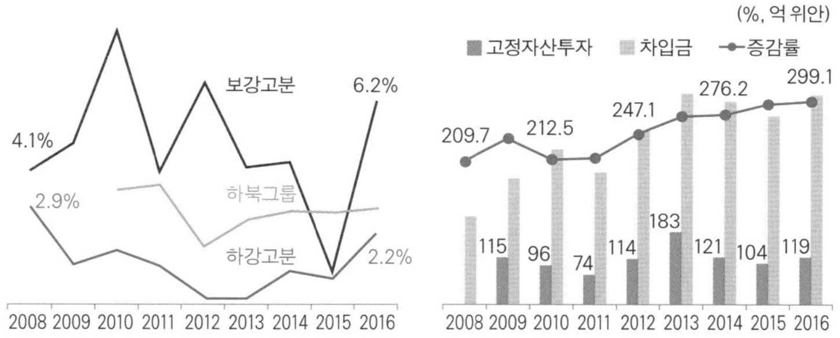

출처: POSRI 이슈리포트, 2017. 9. 7.

대학산업기술연구원은 연구원들이 생산라인을 업그레이드하는 플랫폼이 되고 있다. 2015년에 인수한 세계 최대 철강유통상인 스위스 두페르코Duferco는 하북강철의 글로벌 가공 및 판매 네트워크가 되어 수출시장에서 영향력을 키워주고 있다.

휴대폰 돌풍, 스마트 디바이스 산업

스마트폰, 삼성전자를 몰아내다

중국 시장에서 스마트폰과 AI 스피커 등 스마트 디바이스의 혁신이 돌풍을 일으키고 있다. 혁신의 중심지에 스마트폰이 있다.

2010년 기준 전체 휴대폰 중 스마트폰의 비중은 7.3퍼센트에 불과했지만, 정부 정책과 보조금 등에 힘입어 중국 로컬 기업의 중저가 스마트폰이 빠르게 보급되면서 지금은 90퍼센트를 넘는다. 샤오미와 화웨이, 레노버가 혁신 제품을 선보이면서 삼성전자, 애플 등 주요 기업들이 점점 시장을 빼앗기고 있다.

2012년 중국 정부 주도로 5세대 이동통신 연구를 시작했고 2018년 3월에는 5,000억 위안을 투자하는 5G 육성 계획을 내놨다.

글로벌 주요 기업의 스마트폰 출하량 추이

(단위: 백만 대)

순위	기업명	2017년 1분기	2017년 2분기	2017년 3분기	2017년 4분기	2018년 1분기	2018년 1분기 기준	
							연간 성장률	점유율
1	삼성전자(한)	80.1	79.8	83.3	74.5	78.2	-2.4%	23.4%
2	애플(미)	50.8	41.0	46.7	77.3	52.2	2.9%	15.6%
3	화웨이(중)	34.5	38.5	39.1	42.1	39.3	13.8%	11.8%
4	샤오미(중)	14.8	21.4	28.3	28.2	28.0	89.0%	8.4%
5	오포(중)	25.8	28.0	30.6	27.3	24.0	-7.3%	7.2%
	전 세계	344.4	347.7	376.8	393.0	334.4	-2.9%	-

출처: 유진투자증권(2018. 5. 8)

화웨이는 발빠르게 2019년 5G 스마트폰을 출시해 글로벌 시장 쟁탈에 나섰다.

중국은 2016년 기준 글로벌 시장의 31.5퍼센트를 차지하는 세계 최대 시장으로 부상한 상태다. 2018년 현재 삼성전자는 글로벌 시장의 23.4퍼센트, 애플은 15.6퍼센트를 점유하고 있지만, 중국 기업인 화웨이(11.8퍼센트), 샤오미(8.4퍼센트), 오포(7.2퍼센트)가 추격 중이다.

AI 스피커, 세계 시장 공략한다

글로벌 AI 스피커 시장은 미국, 중국, 한국을 중심으로 빠르게 확대되고 있다. 미국의 아마존과 구글이 시장을 선도하는 가운데, 최근 중국 기업들이 도전장을 냈다.

현재 세계 최대 시장은 미국으로 성인 인구의 20퍼센트가 AI 스피커 또는 음성인식 비서를 이용하고 있다. 2018년 1분기 글로벌 AI 스피커 시장은 전년 대비 210퍼센트 성장하면서 이용객이 급속도로 늘고 있는 추세다.

미국의 구글이 320만 대(점유율 36.2퍼센트)를 판매하여 아마존의 250만 대(27.7퍼센트)를 넘어섰고, 중국의 알리바바와 샤오미도 각각 점유율 11.8퍼센트, 7.0퍼센트에 달한다. 아마존은 2014년 처음으로 AI 스피커 '에코'를 출시한 뒤, 2017년 3분기까지 세계 시장의 대부분을 차지했으나 제품 차별화에 실패하면서 최근 경쟁기업에 밀리고 있다.

세계 2위 시장인 중국에서는 로컬 브랜드인 알리바바와 샤오미가 비교적 저렴한 AI 스피커(각각 74달러, 44달러)를 출시하면서 시장 점유율을 높이고 있다. 특히 알리바바의 AI 스피커 '티몰 지니Tmall Genie'는 2017년 7월 출시된 뒤 2018년 5월까지 누적 300만 대 이

글로벌 주요 기업의 AI 스피커 시장 점유율 및 판매량

순위	기업명	2017년 1분기 점유율	2018년 1분기 점유율	연간성장률
1	구글(미)	19.3%	36.2%	483%
2	아마존(미)	79.6%	27.7%	8%
3	알리바바(중)	-	11.8%	-
4	샤오미(중)	-	7.0%	-
기타		1.1%	17.3%	161%
전 세계 판매 대수(백만 대)		2.9	9.0	210%

출처: canalys(2018. 5), 이코노미톡뉴스(2018. 5. 28)에서 재인용

중국의 AI 스피커 제품 출시 주요 기업

기업명	주요 현황
레노버	미국 아마존의 알렉사가 탑재된 AI 스피커 제품 생산 중국 음성인식 SW 기업 쓰비츠(AISpeech)와 협력하여 중국내수용 제품 생산
몹보이	미국 구글이 투자한 중국업체로 구글 인공지능 탑재한 AI 스피커 출시 중국 내에서는 자체 AI 탑재한 제품 판매(구글은 규제로 중국 진입 애로)
샤오미	미국 아마존, 마이크로소프트와 협력하여 자체 AI를 개발 AI 스피커뿐 아니라 자사의 다양한 가전제품에 AI 지원 예정
바이두	2016년 AI 스타트업 레이븐테크(RavenTech)를 인수 2017년 4분기에 AI 스피커 출시, 자체 플랫폼 'DeurOS' 보유
알리바바	자체 개발한 'AliGenie'를 탑재한 AI 스피커를 2017년 7월 출시, 2018년 상반기까지 100만 대 이상 판매하면서 글로벌 주요 기업으로 부상
텐센트	음성인식 AI 기술 개발을 적극 추진 중이며 약 10억 명이 사용하는 '위챗'의 서비스와 연동 가능한 AI 스피커 출시

출처: CBinsight(2018. 6. 27), 산업연구원 수정

상 판매를 기록하면서 출하량 기준 중국 1위, 세계 3위 기업으로 급부상했다.

4-1

샤오미, 중국 모바일 혁신의 아이콘

샤오미, 중국 모바일 혁신의 아이콘

샤오미Xiaomi는 2010년 설립된 중국의 스마트폰 제조업체다. 창업 4년 만인 2014년 중국 시장 점유율 1위, 세계 시장 점유율 3위로 성장했다. 창업자인 레이쥔 회장은 중국판 실리콘 밸리로 불리는 중관춘中關村에서 7명의 엔지니어와 함께 샤오미를 창업했고, 2011년 자사 운영체제를 탑재한 스마트폰 'MIUI'를 출시했다.

'대륙의 애플' 전략이 대박 신화의 열쇠가 됐다. '모방'을 통해 가격 대비 스펙이 뛰어난 '가성비' 높은 제품을 만들었다. 아이폰의 '짝퉁'처럼 보였지만, 파괴적으로 저렴한 가격은 중국인들을 열광시켰다. 가격은 짝퉁 값이지만 애플의 아이폰 못지않은 기능을 갖춘 것이다. 5퍼센트 이하의 저마진 정책, 즉 박리다매와 온라인 전용 판매 전략으로 가격경쟁력을 확보했다. 하드웨어보다는 소프트웨어를 중시해 자체 운영체제이자 플랫폼을 먼저 개발했다.

마케팅과 판매는 철저히 SNS만을 활용했다. 'SNS를 통한 홍보 → 자사 홈페이지의 예약 한정 판매'가 해답이다. SNS에만 홍보하고 방송 광고는 하지 않는다. '가성비'를 앞세워 입소문으로 제품을 판다. 제품을 써본 사용자가 제품에 만족하고 반드시 브랜드에 충성스런 팬이 되도록 했다.

샤오미 폰은 전 세계 어디서나 단일 모델로 출시됐고 고객에 의해 설계되도록 했다. 이를 위해 수많은 스마트폰 마니아들이 프로그램과 디자인 작업에 참여하도록 했다. 샤오미의 고객들은 자신이 직접 참여하고 창의력을 발휘한 휴대폰을 손에 쥐게 된 순간, 자연스럽게 미펀(샤오미 팬)이 되고 말았다. 레이쥔은 이를 통해 '팬덤 경제'를 만들었다. 마니아층을 중심으로 팬덤을 형성하는 것처럼 샤오미의 고객이 제품의 팬이 되게 하는 것을 말한다.

창립자 레이쥔은 샤오미 스마트폰의 운영체제인 MIUI를 스마트폰 하드웨어보다 먼저 개발했다. MIUI의 개발에 사용자의 참여를 적극 유도하고 피드백을 통해 이들과 소통한 결과, '미펀'이라는 강력한 팬덤이 3억 명을 넘어섰다.

4-2

알리바바,
중국 AI 플랫폼 시장 선도

알리바바, 중국 AI 플랫폼 시장 선도

알리바바는 중국 최대 전자상거래 기업이다. 하지만 신산업 분야로 사업을 확대해 클라우드 컴퓨팅, 디지털 미디어, 엔터테인먼트 분야의 강자로 떠오르고 있다.

알리바바의 2018년도 매출은 2,502억 6,600만 위안(399억 달러)으로 전년 대비 58퍼센트 성장했다. 영업이익 역시 693억 1,400만 위안(111억 달러)으로 이익률 28퍼센트에 달한다. 클라우드 컴퓨팅 매출은 21억 4,000만 달러로 전체 매출의 5.4퍼센트에 불과하지만, 초고속 성장세다. 디지털미디어 및 엔터테인먼트 매출은 31억 2,000만 달러(7.8퍼센트)로 성장세다.

알리바바는 상거래 사업이 주력이지만, 여기서 발생한 수익을 혁신 사업 부문에 적극 투자하고 있다. 특히 인공지능 분야의 혁신 기업으로 떠오르고 있다. 자사의 온라인 장터에 인공지능을 적용하여 자동

알리바바의 사업 부문별 매출 규모

(단위: 백만 달러, %)

구분		2017년		2018년		전년 대비 성장률
		금액	비중	금액	비중	
총계		25,232	100%	39,898	100%	58%
상거래	중국 소매	18,192	72%	28,148	71%	55%
	중국 도매	905	4%	1,142	3%	26%
	세계 소매	1,170	5%	2,266	6%	94%
	세계 도매	957	4%	1,056	2%	10%
	차이냐오(Cainiao) 물류 서비스	-	-	1,078	3%	-
	기타	120	0%	430	1%	257%
	소계	21,344	85%	34,120	86%	60%
클라우드 컴퓨팅		1,062	4%	2,135	5%	101%
디지털미디어 및 엔터테인먼트		2,349	9%	3,119	8%	33%
혁신 사업 및 기타		478	2%	524	1%	10%

출처: 알리바바 그룹 연간 실적 보고(2018. 3. 31)
주: 전년 대비 성장률은 위안화 기준으로 계산한 수치임.

고객지원 서비스를 제공하고 있다.

AI 스피커 '티몰 지니'를 출시해 단숨에 AI 스피커 세계 3위, 중국 판매 1위가 됐다. 궁극적으로 알리바바는 클라우드 환경에서 인공지능 서비스를 제공함으로써 누구나 인공지능을 저렴하고 쉽게 사용할 수 있도록 할 방침이다. 이를 위해 AI 연구소 '다모DAMO 아카데미'를 설립해 블록체인, 컴퓨터 보안, 핀테크, 퀀텀 컴퓨팅, 로봇 등 첨단 IT 기술을 연구하고 있다.

알리바바는 인공지능을 도시에 접목해 '시티 브레인City Brain' 프로젝트를 추진하고 있다. 이 프로젝트는 인공지능 기술로 교통은 물론, 안전, 도시관리, 건설 소방, 관광 등 도시 내 모든 분야를 디지털화해서 최적의 대응시스템을 만드는 것이다.

알리바바는 '알리페이'를 사용하는 5억 2,000만 명 고객의 신용정보, 금융거래, 네트워크 등의 정보를 활용해 '데이터 제국'을 만들어가고 있다.

[미리 보는 4차 혁명] 알리바바, 'AI와 데이터로 도시를 바꾼다'

알리바바는 이 분야를 선도하는 기업이다. 스마트 시티 플랫폼 'ET시티브레인(ET城市大脑)'을 통해 독자적인 스마트 시티 조성을 추진하고 있다. 항저우를 시작으로 하이난, 수저우, 취저우, 마카오 등 11개 도시를 스마트 시티로 변모시키는 중이다. 목표는 50년 내 전 세계 도시의 인프라가 되는 것이다.

https://platum.kr/archives/108889

4-3

화웨이,
스마트폰의 글로벌 강자

화웨이, 스마트폰의 글로벌 강자

화웨이Huawei는 2017년 글로벌 통신네트워크 시장에서 세계 1위가 됐다. 점유율이 28퍼센트에 달한다. 스마트폰 시장을 잠식하기 시작해 세계 3위의 스마트폰 기업으로 부상했다. 저렴한 가격과 우수한 품질을 앞세워 5G 네트워크 분야에서도 강자로 떠오르고 있다. 화웨이는 '자립기술 전략'으로 연매출의 14.9퍼센트를 연구개발에 투자한다. 2017년 기준 화웨이의 매출은 925억 달러, 영업이익은 86억 달러로 명실상부한 글로벌 기업의 규모로 성장했다.

화웨이는 프리미엄과 보급형 두 시장을 동시에 공략하고 있다. 프리미엄 브랜드인 '화웨이'와 보급형 보랜드 '아너Honor'를 병행 출시하면서 저가와 고가 시장을 동시에 공략하고 있다.

세계 최고 수준의 프리미엄 스마트폰을 개발해 고급 제품의 이미지를 과시함으로써 보급형 제품의 판매를 확장하고 있다. 인공지능

화웨이의 사업 부문별 매출 규모

(단위: 백만 위안, %)

구분	2017년		2018년		전년 대비 성장률
	금액	비중	금액	비중	
Carrier Business	297,838	49.3	290,561	55.7	2.5
Enterprise Business	54,948	9.1	40,666	7.8	35.1
Consumer Business	237,249	39.3	179,808	34.5	31.9
기타	13,586	2.3	10,539	2.0	28.9
총계	603,621	100.0	521,574	100.0	15.7

출처: 화웨이 2017년 연간 실적 보고서

칩셋을 내장한 '화웨이 메이트HUAWEI Mate', 세계 최초의 '폴더블 스마트폰', 5G 단말기 출시 등은 고급 브랜드 이미지를 구축하기 위한 전략이다.

화웨이는 현재 인공지능을 활용한 지능형 폰으로 진화를 선언하고, AI 카메라, AI 기반의 배터리 관리, AI 비서, 직관적인 터치 조작 등의 기능혁명을 일으키고 있다. 인공지능 칩셋 'Kirin 970'을 통해 지능형 기기를 개발하고 인공지능 플랫폼 'HiAI' 생태계를 확장해 스마트폰뿐 아니라 다양한 기기를 활용해 활용할 수 있도록 했다.

5

반도체 산업, 정부가 키운다

세계 최대 반도체 소비국가

중국은 세계 반도체의 약 60퍼센트를 소비하는 세계 최대 반도체 소비국이다. 중국 내에서 소비되는 반도체 규모는 2,000억 달러를 넘고 있지만, 중국 내 생산은 절반에도 못 미친다. 특히 메모리반도체의 경우 거의 대부분 수입에 의존하고 있다.

중국은 세계 전자기기의 약 40퍼센트를 생산하고 있는 세계 최대의 전자기기 생산기지이다. 또한 세계 전자기기 중 약 27퍼센트가 중국에서 소비되는 세계 최대 전자기기 소비국가이다.

이로 인해 반도체 수입이 갈수록 늘어 2013년부터 반도체 수입(2,322억 달러)이 원유 수입액(2,196달러)을 추월하기 시작했다.

중국의 반도체 시장 규모와 생산 및 소비

(단위: 10억 달러)

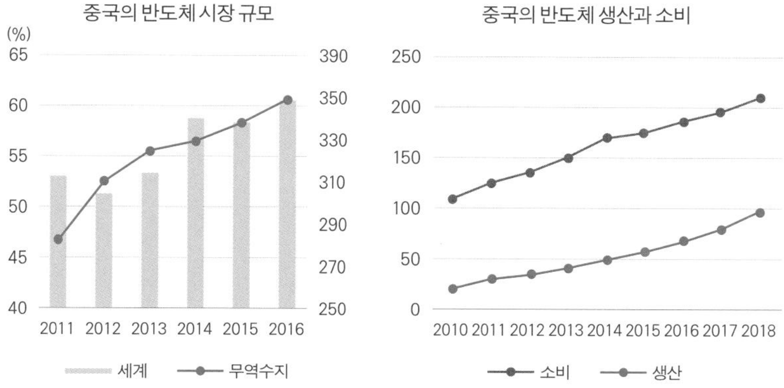

자료: PwC

중국 전자 산업 생산·소비시장의 세계 위상

(단위: 백만 달러, %)

생산

순위	국가명	생산 규모	비중
1	중국	682,491	38.1
2	미국	234,051	13.1
3	한국	121,717	6.8
4	일본	116,353	6.6
5	대만	76,368	4.2
세계		1,791,137	100

소비

순위	국가명	시장 규모	비중
1	중국	470,800	26.8
2	미국	426,323	24.2
3	일본	128,111	7.3
4	독일	63,958	3.6
5	한국	63,958	2.9
세계		1,756,139	100

자료: 한국전자정보통신산업진흥회

중국의 전체 무역수지와 반도체 무역수지

(단위: 10억 달러)

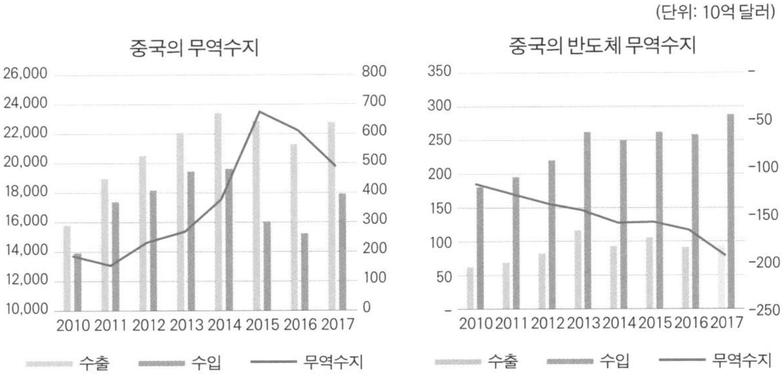

자료: 한국무역협회

2017년 중국의 4,892억 달러의 무역 흑자를 기록했지만, 반도체 단일품목의 무역 적자액이 1,942억 달러에 달했다. 따라서 중국 정부가 앞장서서 반도체 산업 육성에 올인하고 있다.

중국, 팹리스 강국으로 도약하다

팹리스란 제조설비를 뜻하는 패브리케이션fabrication과 '~가 없는'을 의미하는 리스less를 합성한 말이다. 즉, 제조설비를 두지 않고 설계와 개발에만 집중하는 회사를 의미한다. 중국은 생산보다 설계에 특화된 팹리스 강국으로 도약하고 있다. 팹리스 개념은 1980년대 미국에서 등장했으며, 대표적인 팹리스 기업으로는 퀄컴과 브로드컴 등이 있다.

2017년 국가별 팹리스 기업 현황

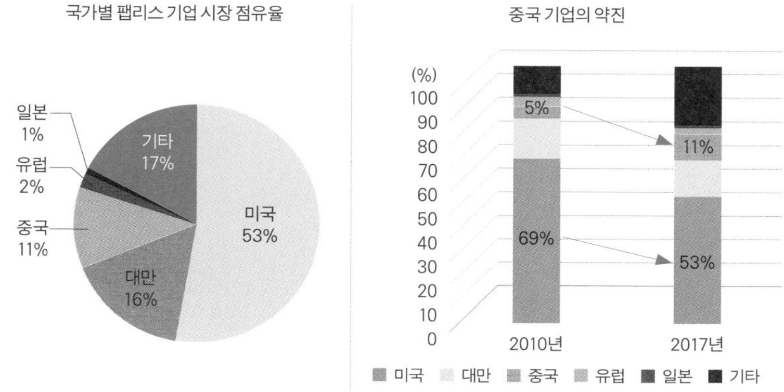

반도체 산업을 크게 나누면, 설계에서 생산까지 전 과정을 책임지는 종합 반도체 회사IDM, 반도체 설계가 전문화되어 있는 팹리스 회사, 종합 반도체 회사나 팹리스 회사에서 위탁받아 반도체 제작만을 전문적으로 하는 파운드리 회사foundry company, 반도체 원판 조립 등 후공정을 전문으로 하는 패키징 & 테스트 회사packaging & test company로 구성되어 있다. 중국 반도체 기업은 통신칩, 팹리스 등 시스템반도체 분야에서 경쟁력을 발휘하고 있다.

중국, 반도체 산업 굴기를 선언하다

중국에서 주목할 만한 사실은 반도체 산업 굴기를 선언한 게 기업이 아니라 정부라는 점이다. 반도체를 산업의 쌀로 규정한 중국 정부

반도체 설비투자 추이

(단위: 10억 달러)

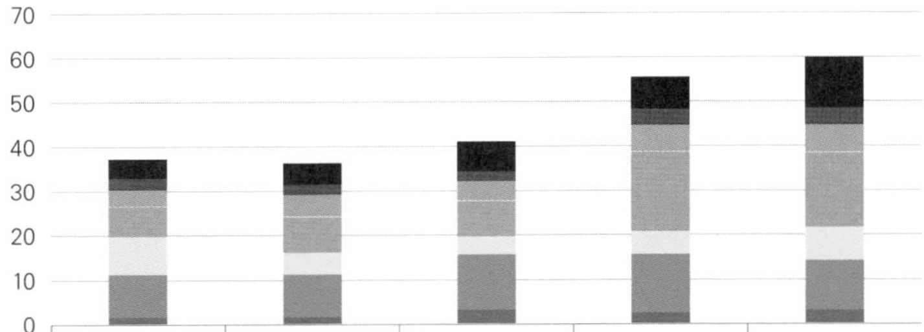

	2014	2015	2016	2017	2018
■ 중국	4.37	4.90	6.46	7.59	11.33
■ 유럽	2.38	1.94	2.18	3.43	3.79
■ 일본	4.18	5.49	4.63	6.02	6.24
■ 한국	6.84	7.47	7.69	17.89	16.88
■ 북미	8.16	5.12	4.49	5.57	7.38
■ 대만	9.41	9.64	12.23	12.62	11.25
■ 기타	2.15	1.97	3.55	2.81	3.23

자료: SEMI(2018)

는 반도체 산업을 국가 중점 육성 산업으로 선정했다. 시진핑 주석은 "반도체는 산업의 쌀을 넘어 인간의 심장과 같다"고 강조하며 산업 육성을 직접 진두지휘하고 있다.

이에 따라 반도체 자급률을 2025년 70퍼센트로 끌어올릴 방침이다. 나아가 2030년까지 세계 최고 수준의 반도체 기업을 중국 국내에서 육성할 계획이다. 2018년 팹 생산 능력을 글로벌 기준 16퍼센트로 끌어올린 데 이어, 2020년에는 20퍼센트를 넘길 방침이다. 중국 칭화유니그룹과 푸젠진화반도체는 각각 낸드플래시와 D램

중국 반도체 시장 규모 및 자국 생산 추이

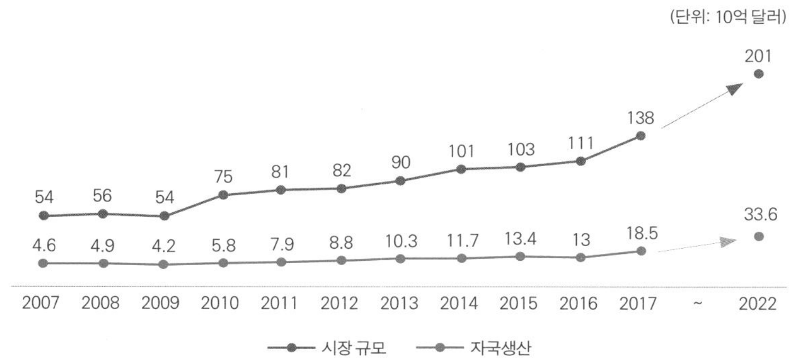

자료: IC Insights(2018)

중국의 반도체 산업 발전 추이

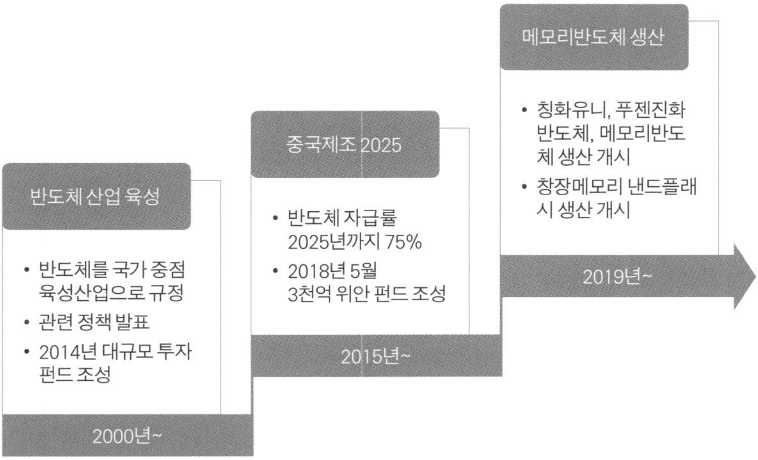

자료: 산업연구원

을 2019년 하반기경 양산에 돌입할 예정이며, 창장메모리YMTC는 2019년 상반기 32단 낸드플래시 제품을 출시할 예정이다. 그만큼 삼성전자와 SK하이닉스가 중국 시장에서 타격을 받을 수밖에 없다.

중국은 반도체 산업의 경쟁력을 높이기 위해 실리콘 밸리의 화교를 대거 영입하는 등 인재 유치에 전력투구하고 있다. 현재 반도체 설비투자는 한국이 가장 많이 하고 있으며, 다음으로 대만인데 2018년도 설비투자 현황을 보면 중국이 대만을 앞지를 예정이다. 중국 반도체의 대표 기업은 칭화유니그룹의 YMTC, 이노트론Innotron, JHICC 등 3개사로 모두 국영기업이다. 그만큼 중국 정부의 메모리반도체 생산 의지가 강력하다.

그 결과 2009년 세계 팹리스 상위 50개 기업에 하웨이하이쓰HiSilicon만 포함되어 있었으나, 2017년 상위 50개 기업에 하웨이하이쓰를 비롯하여 칭화유니그룹, ZTE Micro, CIDC그룹, 나리스마트칩Nari Smart Chip, ISSI, 대당통신Datang, 기가디바이스GigaDevice, 몽타주Montage, 록칩Rockchip 등 10개 기업이 포함됐다. 그만큼 중국의 팹리스 산업이 빠르게 성장하고 있다.

5-1

칭화유니그룹,
국가 반도체 산업 선도

칭화유니그룹, 국가 반도체 산업 선도

칭화유니그룹清華紫光集團은 중국의 반도체 산업 육성 의지를 담고 있는 중국 반도체 기업의 상징이다. 중국 정부 산하 칭화HD가 51퍼센트의 지분을 투자해 설립한 사실상 국유기업이다. 원래 칭화HD와 베이징-장균 인베스트먼트가 합작해 설립한 특수목적 투자 회사였으나, 2013년 중국의 팹리스 기업을 인수해 반도체 사업을 시작한 이후 중국의 대표적인 반도체 기업이 됐다. 이후 CPU와 통신용 반도체 업체를 인수하고 YMTC를 설립하는 등 시스템반도체와 메모리반도체를 모두 생산하면서 중국 반도체 국산화의 상징적인 존재가 되고 있다.

칭화유니그룹은 정부의 지원을 배경으로 무차별적으로 글로벌 반도체 업체를 인수하고 글로벌 엔지니어들을 영입해 반도체 기술 향상에 주력하고 있다. 심지어 2015년 미국의 마이크론을 230억 달러에 인수하려 했지만, 미국이 중국의 부상을 견제하면서 정부가 개입해 인수 작업이 불발로 끝났다.

5-2

이노트론, 모바일용 D램 반도체 생산하다

이노트론은 2016년 6월 허페이合肥시 정부 자회사 두 곳이 자본금 20억 위안을 공동 출자해 만든 모바일용 D램 반도체 생산 기업이다. 이노트론 역시 사실상 국영기업이다.

이노트론은 2017년 6월 공장을 짓고 집중적인 투자를 시작했다. 공장 가동 한 달 만에 D램 생산라인을 정식으로 가동시켜 엔지니어링 샘플ES: Enginering Sample 생산을 시작할 정도로 속도를 내고 있다. 첫 제품 LDDDR4 8GB 칩으로 D램 시장 공략을 시작했다. 2018년 말 8GB DDR4 D램을 양산할 계획이며 2019년 3분기에 8GB 저전력 DDR4 D램 양산에 나선다.

반도체 산업의 생태계

후방산업	반도체 산업	전방 산업
소비·부품 장비 산업 • MASK • 웨이퍼 • PR[Photo Resist] • Chemical • Gas • 전공정 장비 • 후공정 장비	**반도체** • D램·낸드플래시 • 시스템 IC • 개별소자·광소자 • SoC[System on Chip] **보완 산업** • 팹리스·파운드리 • 디자인하우스 • 패키징·테스트	**전자기기 4차 산업혁명 관련 산업** • PC, 스카트폰 • 데이터 센터 • AI • IoT 기기 • 차량용 전장제품 • 통신용 기기 • 의료·바이오

자료: 산업연구원

6

배터리 혁명, 2차전지 산업

중국 기업, 세계적 회사로 부상

중국은 자국의 전기자동차와 전기버스, 트럭의 판매 증가에 힘입어 배터리 산업이 비약적으로 성장하고 있다. 특히 리튬-이온 배터리 등 재사용 가능한 2차 전지 분야에서 성장이 눈부시다.

세계 중형 2차전지(전기자동차 배터리) 시장에서 물량 기준 중국의 비중은 2011년 기준 7.5퍼센트에서 2016년 약 38퍼센트로 비약적으로 성장했다. 2018년에는 중형 2차전지 시장에서 부동의 1위였던 일본의 파나소닉을 제치고 중국의 CATL이 세계 시장 점유율 1위로 올라섰다.

지난 5년간 연평균 11퍼센트의 높은 성장률을 기록했으며, 전기자

세계 중형 2차전지의 연도별 세계 시장 출하량 순위

순위	전기차 배터리(출하량)			
	2015년	2016년	2017년	2018년(1~5월)
1	파나소닉	비야디	파나소닉	CATL
2	비야디	파나소닉	LG화학	파나소닉
3	CATL	CATL	CATL	비야디
4	PEVE(일)	Optimum	비야디	LG화학
5	AESC(일)	Guozuan	삼성SDI	AESC

자료: 배터리—SNE리서치(〈서울경제〉, 2018. 7. 11 재인용)

연도별 중국 2차전지 매출액

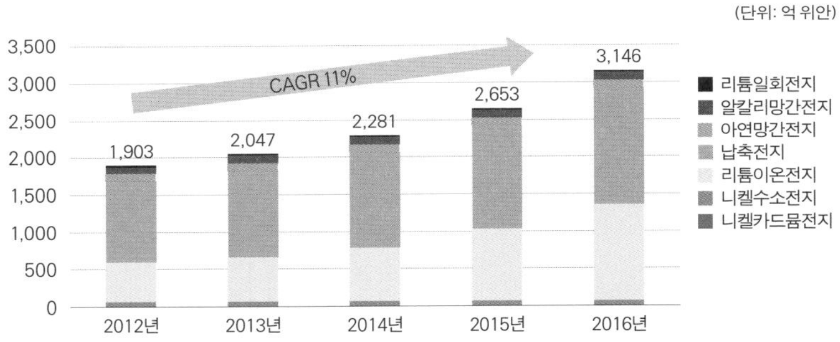

자료: 2017 중국 2차전지 산업 현황(2012~2016년)(SNE 리서치)

동차용 배터리인 리튬이온전지의 매출액은 2016년 기준 1,330억 원으로 전년 대비 35퍼센트 성장했다.

세계 최대 2차전지 소재 대국이 되다

중국은 전기차 육성정책에 힘입어 2차전지 소재 분야에서 세계 최대 대국이 됐다. 2015년 2차전지의 주요 4대 소재 중 분리막을 제외한 모든 소재 시장에서 점유율 1위에 올라섰다. 2016년에는 세계 분리막 시장의 시장 점유율까지 전통적 강국인 일본을 제치고 세계 1위를 기록했다.

중국의 무서운 점은 리튬이온전지의 핵심 소재(흑연, 니켈, 망간 및 구리 등)를 보유한다는 점과 이를 앞세워 핵심 부품(분리막)을 국산화하고 있다는 점이다. 리튬의 안정적인 확보를 위해 2005년부터 아프리카에 대한 투자를 확대하고 있다. 특히 세계 코발트 공급의 50퍼센트 이상을 차지하는 콩고에서 90퍼센트 이상을 수입하고 있다. 또한 아르헨티나, 볼리비아, 칠레에 투자를 확대해 중국은 주요 4대 리튬 공급 국가가 됐고 자국 내에서 활발히 신흥 리튬광구 개발을 진행 중이다.

산업연구원에 따르면 중국은 2차전지 4대 소재(양극재, 음극재, 전해질 및 분리막)의 기술경쟁력에서 이미 한국을 앞섰다.

6-1

CATL, 중국 시장 기반으로 급성장

CATL, 중국 시장을 기반으로 급성장

중국의 전기배터리 회사 CATL은 2011년 애플 등에 오랫동안 소형 리튬이온배터리를 납품했던 ATL에서 분사된 기업이다.

중국 푸젠성 닌더시에 설립 이후, 전기차 배터리 및 에너지저장시스템 등 중대형 리튬이온전지배터리 제조 회사로서 성장했다. 2017년 상반기 기준, 중형 2차전지 시장 부동의 강자였던 일본의 파나소닉을 제치고 세계 시장 점유율 1위로 올라섰다.

현재 정부의 지원에 힘입어 세계 최대 규모의 배터리 제조 회사가 됐다. 미국, 캐나다, 프랑스, 홍콩, 일본 등 주요국에 해외 지점을 설립하고, 글로벌 시장으로 영역을 확대하고 있다.

CATL의 2017년 생산 가능 용량은 약 17.09기가와트시GWh로 이 중 약 50퍼센트가 NCM(삼원계)배터리이다. 생산 가능 용량이 2020년 54기가와트시까지 폭발적으로 확대될 전망이다. 특히 삼원

연도별 CATL 중형 2차전지 순이익 및 매출액

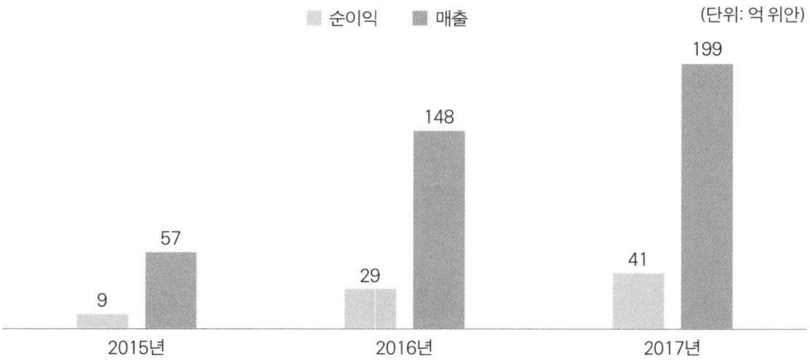

자료: 조선일보자료 토대로 산업연구원 작성(2018. 6. 12)

계배터리는 전체 생산 가능 용량의 약 75퍼센트 넘게 늘릴 계획이다.

광폭 성장,
인공지능 산업

AI, 올해 중국 경제에 16조 원 플러스 효과

중국은 인공지능 3단계 발전 전략을 추진하고 있다. 1단계는 2020년까지 인공지능의 전반적 기술과 애플리케이션을 세계 선진 수준으로 올려놓는 것이다. 이 시기의 인공지능 핵심 산업 규모는 1,500억 위안(약 24조 4,000억 원)으로 전체 1조 위안 규모의 경제를 이끌게 된다.

2단계는 2025년까지 인공지능 기초 이론에 대한 기술 개발을 이뤄 일부 기술과 애플리케이션이 세계 선두에 이르는 것이 목표다.

이어 3단계는 2030년까지 인공지능 이론과 기술, 애플리케이션이 모두 세계 선두 수준에 이르러 핵심 산업에서 1조 위안(약 162조

6,000억 원) 규모를 형성한다는 청사진이다.

AI, 모든 산업의 핵심으로 부상하다

중국에서는 모든 산업에 AI를 접목하는 '지' 혁명을 일으키고 있다. 중국은 AI 산업을 미국 등 주요국에 비해 늦게 시작했지만, 정부의 '지' 혁명 덕분에 핵심 산업 기반 기술로 자리 잡고 있다.

특히 AI 산업에 대한 정부 지원에 힘입어 4차 산업혁명 기술을 활용한 스타트업 창업이 활기를 띠고 있다. 바이두, 알리바바, 텐센트 등 3대 ICT 업체가 AI 산업을 주도하면서 AI 기술 개발과 활용이 활기를 띠고 있다. 이로 인해 바이두, 텐센트, 알리바바 등 이른바 BAT와 소고우Sogou(중국 3대 검색엔진), 화웨이, 징둥, 샤오미 등이 빠르게 인공지능 생태계를 구축하고 있다.

이미 중국은 인공지능 관련 핵심기술 분야, 통합기술 분야, 응용 분야에 이르는 AI 산업 생태계를 형성한 것으로 파악되고 있다. 아이미디어 리서치에 의하면, 중국 인공지능 기업은 약 700여 개(2017년 기준)로 미국(약 2,905개)에 이어 2위 수준이다.

인공지능, 국가 전략산업으로 키운다

중국은 인공지능을 국가 전략산업으로 육성하고 있다. 센서, 칩, 클라우드 컴퓨팅, 생체인식 등 AI 통합기술 분야에 14개 주요 업체가

중국 AI 스타트업의 창업 현황

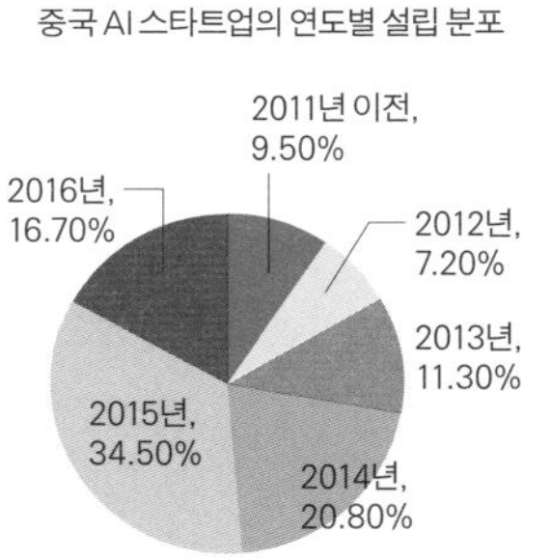

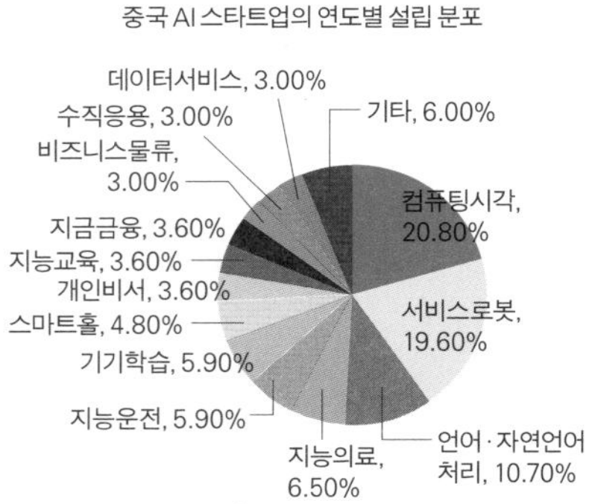

자료: 아이미디어 리서치(2017), 2017. 1. 18 기준

활동 중이고 머신러닝, 음성인식 및 자연어 처리, 컴퓨터 시각, 개인비서, 로봇, 의료, 스마트홈, 자율주행 등 응용 분야까지 폭넓게 기술 개발과 응용이 이뤄지고 있다. 특히 중국은 인공지능 분야에서 '컴퓨터 시각', '서비스 로봇', '음성인식·자연어 처리', '자율주행' 등 4대 영역에서 경쟁력을 갖고 있다.

2014~2016년 사이 인공지능 분야에서 창업한 기업은 중국 전체 인공지능 기업의 약 72퍼센트를 차지할 정도다.

중국의 인공지능 시장 규모 역시 미국 다음인 세계 2위로 부상했다. 아이미디어 리서치에 의하면, 중국의 인공지능 시장 규모는 2016년에 100억 위안을 넘어섰으며, 2017년에는 51.2퍼센트 성장한 152.1억 위안에 달한다.

이처럼 비약적으로 성장한 데에는 정부 차원에서 인공지능을 미래

중국 인공지능의 시장 규모 현황 및 전망

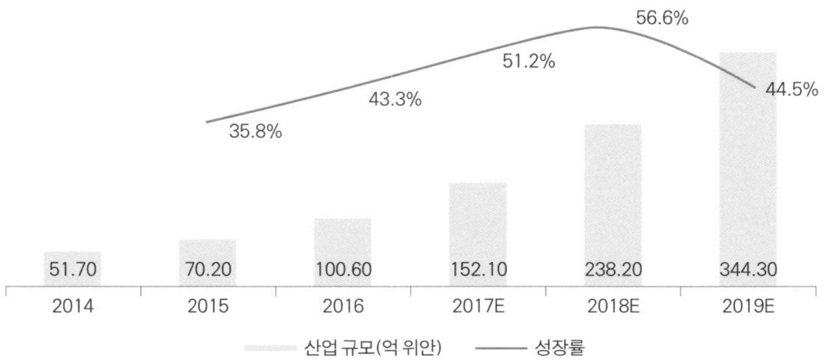

자료: 아이미디어 리서치(2017)

전략산업으로 육성한 데 따른 것이다. 중국 정부는 '지' 혁명의 핵심 정책인 '인터넷 플러스 및 3대 실천계획', '13차 5개년 국가 전략적 신흥 산업 발전규획'(2016~2020), '중국제조 2025', '차세대 인공지능 발전규획' 등을 통해 AI 산업을 집중 육성하고 있다.

중국은 '지' 혁명을 위해 2012년부터 '인터넷 플러스' 전략을 세워 인터넷과 전통산업의 융합, 즉 전통산업과 인터넷, 사물인터넷, 클라우드, 빅데이터, 모바일, 인공지능 등의 융합을 핵심 사업으로 제시했다. 이를 통해 인공지능 공공 혁신 서비스를 제공하고 인공지능 핵심 기술 개발을 촉진하며, 스마트 단말기, 스마트 자동차, 로봇 등의 분야에 인공지능 기술을 확산하고 응용을 촉진시키고 있다.

7-1

바이두, 중국을 넘어 세계 AI 선도

AI 기반 기술, 서비스 개발에 집중 투자

인터넷 포털업체 바이두는 중국에서 가장 먼저 인공지능 전략을 수립해 세계 AI 시장을 선도하고 있다. 음성인식, 딥러닝, 기기학습, 로봇, 그래픽 식별, 자율주행 등 다양한 영역에서 AI 기반 기술 개발과 서비스에 앞장서고 있다.

바이두는 인공지능 전문 투자기업인 '바이두 벤처스'를 설립하고 코멧랩스(AI 전문 투자기업)와 AI 스타트업을 지원하는 생태계를 구축해 AI 산업을 육성하고 있다. 또한 증강현실 플랫폼과 가전제품 개발 전담부서인 스마트홈 사업부Dure를 신설했으며, 기존 의료사업 부문을 AI 기반 서비스로 확대하기 위해 의료사업부를 폐지하고 인공지능팀에 통합하는 조직개편을 단행했다. 딥러닝 AI 분야의 세계적 전문가인 앤드류 응을 영입하여 바이두 인공지능연구소의 총괄 책임자로 임명했다. 또 MS의 AI 전문가 치 루를 최고운영책임자 겸 그룹 회장으로 영입했다. 그만큼 인재 영입에 돈을 아끼지 않는다.

자율주행, AI 로봇까지 진출

바이두는 자율주행기술 분야에도 투자를 확대하고 있다. 특히 자율주행, 지능형자동차, 자동차생활을 통합한 '지능주행사업부'를 신설해 AI 및 자율주행자동차 핵심 기술 개발에 매달리고 있다.

2014년 9월 바이두는 BMW와 자동화 운전기술 공동 개발에 대한 MOU를 맺고, BMW의 차량 내비게이션 시스템을 바이두의 3차원 지도 및 데이터 서비스에 적용했다. 2015년 12월에는 딥러닝, 신경망, 학습 모델, 대량 데이터 학습 등의 기술을 활용하는 '바이두 자동차 뇌'가 장착된 자율주행자동차가 혼잡도로 시험주행에 성공했다. 바이두 자동차뇌는 고정밀도지도, 위치추정, 감지, 지능 결정과 제어 등 4부분으로 구성되어 있다. AI 로봇 개발에도 앞장서고 있다. 바이두는 2015년 바이두 검색엔진 데이터베이스 기반의 음성 명령에 응답하는 기능을 가진 AI 로봇 '샤오두XiaoDu'를 개발하는 데 성공했다. 당시 중국 TV 쇼 〈더 브레인〉에 출연하여 사람과 얼굴·음성인식 대결에서 2대0으로 승리를 거두는 성과를 시현했다.

7-2

아이플라이텍, 중국 AI 음성인식·언어 분야 선도

음성 및 언어 분야 독보적 기술 보유

아이플라이텍iFlytek, 科大讯飞(커다쉰페이)은 중국과학기술대학 산하의 중소기업이다. 1999년 12월 안후이성 허페이에서 당시 대학생이었던 류칭펑 회장이 설립했다. 지난 2008년 5월 선전증권거래소에 상장한 음성인식과 AI 분야의 유일한 상장사로 중국 '인공지능 음성 및 언어 분야'에서 독보적인 기술을 보유하고 있다. 이로 인해 음성합성, 음성인식, 언어평가, 자연어 번역, 보이스 클라우드 등 다양한 분야에서 세계적 수준의 기술 역량을 보유한 아시아태평양지역 최대의 인공지능 음성인식 기술 선도업체로 평가받고 있다.

현재 중국 언어 음성인식 서비스 시장에서 점유율 70퍼센트 정도를 차지하고 있는 것으로 추정되는데, 중국 언어 음성인식률이 약 97퍼센트로 업계 최고 수준이다. 음성인식 정확도는 98퍼센트, 이미지 판독은 92퍼센트로 세계 1위의 기술력을 보유한 것으로 평가받

아이플라이텍의 AI 생태계

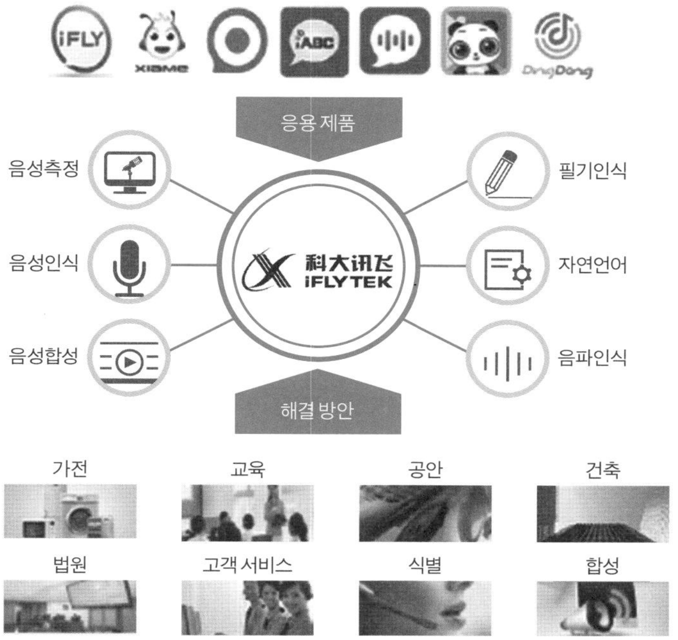

자료: 아이미디어 리서치(2017)의 자료를 서동혁 외(2017. 12)에서 재인용

고 있다. 레노버, 화웨이 등 중국 대다수 스마트폰에 아이플라이텍의 음성인식 기술을 탑재하고 있다.

아이플라이텍은 AI 음성인식과 언어 분야에서 핵심 기술을 축적하고, 감지지능에서 인지지능에 이르는 '인공지능 생태계 구축'을 추진하고 있다.

그리고 음성과 이미지 등 세계적 수준의 핵심 처리기술을 바탕으로 인공지능 분야 핵심·원천기술 개발과 개방을 통해 인공지능 생태계를 구축했다.

아이플라이텍은 세계 최대의 지능언어와 인공지능 개방 플랫폼이라고 평가받는데, 자사의 오픈 플랫폼을 개방해 현재 스마트폰, 가전 등 2만여 개의 스마트 하드웨어 업체들과 협력관계를 구축하고 있다. 아이플라이텍은 오픈플랫폼 개발자만 26만 명에 달할 정도로 연구개발 투자에 집중하고 있다. 협업 방식으로 다양한 분야에 진출하고 있다.

2010년에는 세계 최초로 '쉰페이 음성 클라우드'를 개발했으며, 2013년 인공지능 기반의 통역 기술을 개발해 쉰페이 음성입력기 '쉰페이팅젠'과 음성인식 동시통역기 '샤오이 통역기' 등을 출시했다.

아이플라이텍, 아시아 1위 음성인식 기업 되다

아이플라이텍은 중국 음성인식 기술 시장의 70퍼센트를 차지하고 있는 아시아 최대 음성인식 기업이다. 이 회사의 음성입력 기술은 중국판 시리siri로 불린다. 중국에서 이를 사용하는 스마트폰 등 모바일 인터넷 사용자가 4억 3,000만 명에 달한다. 이 회사의 개방 플랫폼을 통한 음성인식과 음성합성 및 통역 등 서비스의 하루 평균 이용 횟수는 35억 회를 웃돈다. 서비스의 월간 활성사용자 수도 3억 800만 명으로 71퍼센트 늘었다.

2013년 통역 기술을 선보인 뒤, 2014년에는 중국어를 영어로 통역하는 기술 1위인 일본을, 2015년에는 영어를 중국어로 통역하는 기

2016년 아이플라이텍이 출시한 7대 신제품

제품명	응용 분야
iFLYTEK IoE 입력법	지능입력법
iFLYTEK 휴대식 번역기기	기기 번역
FEIYU(飞鱼助理) 비서	지능 고객서비스
'샤오만(晓曼)' 지능형 로봇	지능 고객서비스 로봇
iFLYTEK Kuaiting(讯飞快听) (문자음성전환 앱)	음성합성
Peiyinge(配音阁) 더빙홀	음성합성 및 더빙
AiUI MAGIC BOX(超脑魔盒)	스마트 홈

자료: 아이플라이텍 2016년 발표회 자료를 서동혁 외(2017. 12)에서 재인용

술 1위인 미국을 각각 제쳤다. 2018년 6월에는 한국의 한컴그룹과 인공지능 등 공동 기술 개발 및 사업협력(AI, 음성인식 및 통번역, 스마트 교육, 의료 서비스 로봇, 자동차 관련 솔루션 등)을 위한 MOU를 체결했다.

세계 시장 선도, 게임 산업

거대 인구 앞세워 고속성장

중국 정부는 2017년 양회에서 문화 산업을 신성장동력으로 지정하고, 영화, SNS, 애니메이션, 음악, 광고, 게임 등의 산업을 집중 육성하고 있다. 특히 2017년 중국 게임 시장 규모는 2,036억 위안으로 이전 해보다 23퍼센트 성장했다. 미국 게임 전문 시장조사 업체인 뉴주Newzoo가 최근 발표한 '2018 글로벌 게임 시장 보고서'에 의하면 2018년 중국은 가장 큰 게임 시장으로 성장할 전망이다.

특히 모바일 게임 시장 규모는 1,161.2억 위안으로 전체 시장에서 57퍼센트를 차지하여 비중이 가장 높다.

특히 2017년 중국의 모바일 게임 시장 규모는 1,161.2억 위안으로

중국 게임 시장 규모 추이

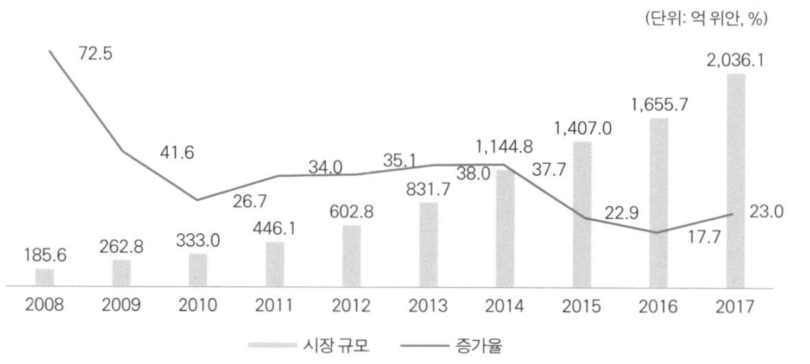

자료: 中国音数协游戏工委(GPC)&伽马数据(CNG)&国际数据公司(IDC)

모바일 게임 시장 규모 및 유저 규모

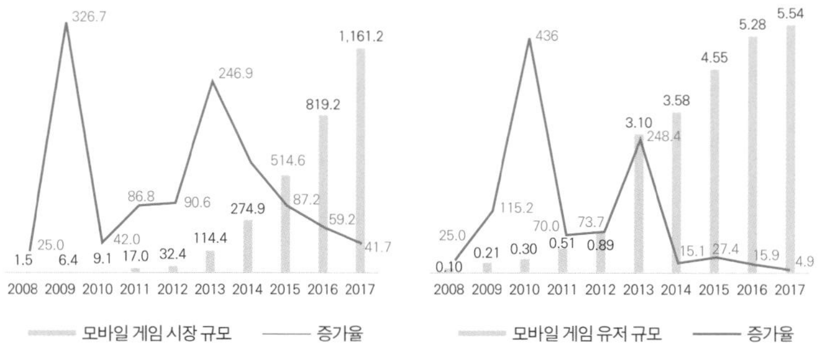

자료: 中国音数协游戏工委(GPC)&伽马数据(CNG)&国际数据公司(IDC)

전년 대비 41.7퍼센트 성장할 정도로 급성장 중이다. 모바일 게임 유저 수만 5억 5,400만 명으로 전년 대비 4.9퍼센트 증가했다. 중국 전체 인구의 40퍼센트 수준이다.

중국 게임 유저 증가 추이

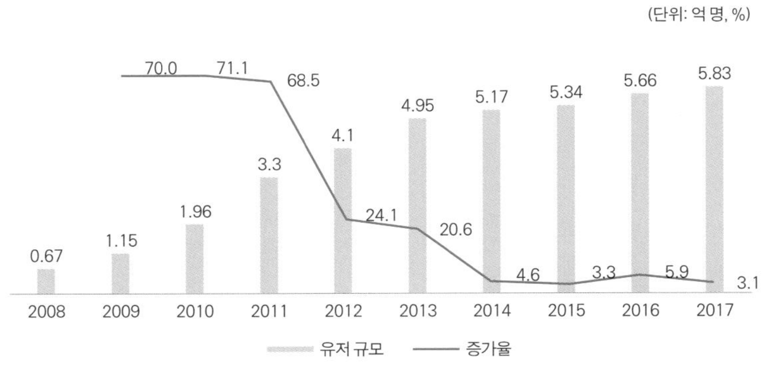

자료: 中国音数协游戏工委(GPC)&伽马数据(CNG)&国际数据公司(IDC)

e스포츠 분야의 고속성장

e스포츠 분야가 특히 빠르게 확대되면서 대회를 통한 시장 창출이 가속화하고 있다. 특히 모바일 e스포츠 대회에 유명 연예인들이 참여해 '게이밍 헤드셋' 등 자신이 출시한 상품 홍보를 위한 장소로 활용하거나 이벤트 대회를 통해 경기에 직접 참여하는 등 주요 홍보 수단으로 자리 잡아가고 있다. 이로 인해 모바일 게임을 이용하지 않던 계층도 대거 유입되고 있다.

최근 저우제룬周杰伦, 린경신林更新 등 유명 스타들이 참가한 '리그 오브 레전드League of legend' 스타 대전이 열렸으며, 인기 가수 린쥔제林俊杰는 게임 생중계 플랫폼을 통해 게임 플레이 과정을 직접 방송하기도 했다.

텐센트가 개발한 '왕자영요王者荣耀(한국명 펜타스톰)' 등 모바일 e스포츠를 염두에 둔 게임들이 성공하면서 이를 중계하는 크리에이터들의 인기도 높아지고 있다.

중국, 세계 시장 넘본다

2017년 중국이 자체 개발한 게임 시장의 규모는 1,397억 원으로 이전 해보다 18.2퍼센트 성장했다. 전체 중국 게임 시장에서 중국산 게임의 매출액은 2008년 59.3퍼센트에서 2017년 68.6퍼센트로 증가하며 자체 게임의 성장세가 두드러지고 있다.

2017년 중국산 게임의 수출액은 82억 8,000만 달러(한화 9조 원)로 전년 대비 14.5퍼센트 증가했다. 이를 토대로 다양한 형태의 해외

중국산 게임 매출액 및 증가율

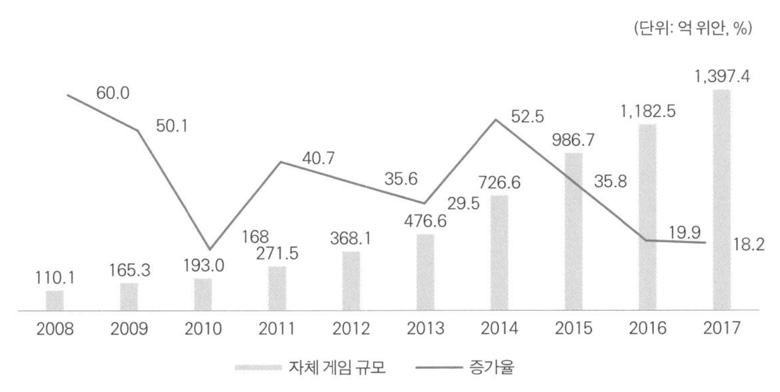

자료: 中国音数协游戏工委(GPC)&伽马数据(CNG)&国际数据公司(IDC)

진출을 모색하고 있다. 특히 중국 게임의 한국 시장 진출이 급격화되고 있으며 2017년 기준 한국 시장에서의 매출액 증가율은 전년 대비 70퍼센트 이상을 기록했다. 한국 시장에 진출한 중국 게임 수 역시 111개로 크게 증가했다.

2017년 전 세계 게임 기업 25위 가운데 중국 기업이 4개에 달한다. 텐센트, 넷이즈, 완메이스지에, 37games三七互娱는 25개 업체의 총 매출액 가운데 27퍼센트를 차지하고 있다. 이 가운데 텐센트와 넷이즈 두 업체가 매출을 주도하고 있다.

중국 게임 시장에서 특이사항은 중국 정부가 판호 제도를 통해 자국 시장을 보호하고 있다는 점이다. 판호 제도란 외국 게임에 대한 일종의 게임 허가권으로 중국의 사회주의 사상 고양, 문화의 우수성 수호, 청소년의 정신건강 보호를 목적으로 외산 게임의 유입을 차단하

한국 및 중국의 시장 진출 현황

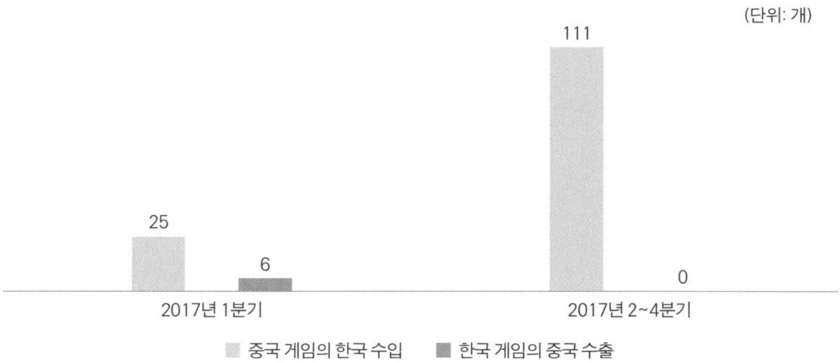

자료: 中国音数协游戏工委(GPC)&伽马数据(CNG)&国际数据公司(IDC), 한국콘텐츠진흥원

는 무기가 되고 있다. 한국에서 나온 신작들이 규제에 막혀 있는 사이 중국 게임사들은 비슷한 게임을 내놓고 큰 매출을 올릴 수 있었던 것은 판호제의 영향이 컸다. 2017년 총 9,800건의 비준된 판호 가운데 외국산 게임의 판호는 전체 대비 5.0퍼센트 수준인 490건에 달한다.

8-1

텐센트,
인수합병 앞세워 세계 1위 되다

텐센트는 막대한 자금력과 중국 시장 유통권을 무기로 우리나라 기업에 집중 투자를 진행하고 있다. 2018년 2월 '배틀그라운드'를 개발한 펍지의 모회사인 '블루홀'의 지분을 매수하면서 우리나라 게임 시장에 본격 진출했다. 이에 앞서 2012년 카카오, 2014년 넷마블 등에 투자한 데 이어 '배틀그라운드'를 보유한 블루홀 2대 주주로 성장했다.

배틀그라운드는 동시접속자수 300만 명을 돌파하며 2017년 GOTY(올해의 게임) 상 10개를 수상했고 최근 독일서 진행한 첫 글로벌 e스포츠 대회에서는 동시접속자수 1억 명을 넘기며 e스포츠 사업의 성공 가능성을 확인해주고 있다.

텐센트는 우리나라 기업과 게임 공동개발협약을 체결하고 우수한 게임 콘텐츠를 중국 시장에서 유통하는 전략을 취하고 있다. 배틀로열 장르의 원조격 작품인 'H1Z1'의 중국 내 판권을 취득했으며, 이

텐센트 기업 정보

회사명	텐센트
설립일	1998년 11월
2017년 총 매출액	2,377.6억 위안, 전해 대비 56퍼센트 증가
2017년 게임 분야 매출액	978.3억 위안, 전해 대비 38퍼센트 증가
주요 특징	중국 최대 인터넷 기업, 2003년 게임 산업 진출 QQ 메신저를 통한 연계 사업
주요 게임	왕자영요(王者荣耀)

텐센트의 게임 분야 매출액

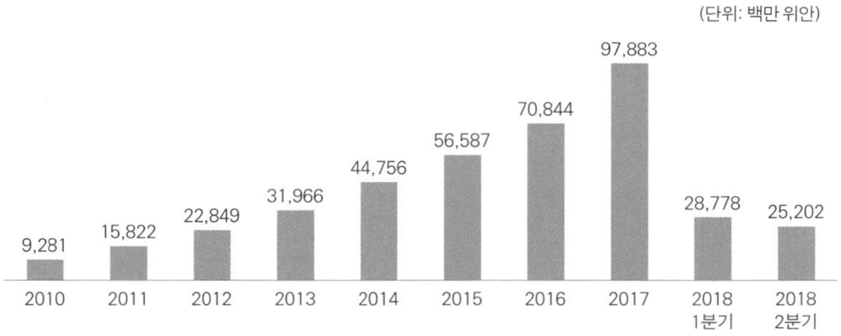

자료: 텐센트 연도보고서 각 연도

후 발표한 '전군출격'과 '자극전장' 역시 펍지주식회사와 공동 개발하는 등 '정당성' 확보를 우선시하는 모습이다.

또한 2016년 세계 1위 모바일 게임인 '클래시 오브 클랜'을 개발한 핀란드의 슈퍼셀을 86억 달러(약 10조 원)에 인수하며 글로벌 게임 시장의 절대 강자로 부상했다. 2011년 '리그 오브 레전드'의 라이엇게임즈 인수를 시작으로 글로벌 게임 선두 업체들을 차례로 인수하며 세계적으로 영향력을 높이고 있다.

2017년 텐센트의 게임 분야에서의 매출액은 총 987.83억 위안을 기록하여 중국 최대 게임업체의 자리를 굳건히 했다. 연평균 40퍼센트씩 성장하고 있으며 2016년 슈퍼셀 인수 이후 급성장하고 있다.

소셜 플랫폼이 성장을 이끌다

텐센트의 성장은 소셜 사용자 기반 플랫폼이 이끌고 있다. 초기 메신저인 QQ 등 소셜 플랫폼으로 시작한 텐센트는 위챗, 앱스토어와 같은 소셜 플랫폼을 통해 제품 홍보와 사용자 확장이 용이하도록 설계되어 있다. 이로 인해 모바일 QQ, 위챗 플랫폼의 게임 이용자가 온라인 게임으로 유입되면서 빠른 성장의 발판을 마련했다.

회사의 핵심 자산인 소셜 플랫폼과 게임의 융합은 회사 성공의 열쇠가 됐다. 'QQ머니'와 '위챗페이' 등을 통한 인터넷 광고와 모바일 결제 시스템의 보급으로 게임 이용자의 게임 아이템 구입 규모가 급증했기 때문이다.

8-2

넷이즈, 자체 개발과 자체 운영 능력으로 급성장

넷이즈는 최근 가장 빠른 성장세를 보이고 있다. 2001년 PC 게임인 '대화서유大话西游'를 출시하여 게임 시장에 진출했다. 성장의 일등공신은 '월드 오브 워크래프트魔兽世界'로 2009년 4월, 블리자드와 '월드 오브 워크래프트'의 중국 사업권 계약을 체결한 게 주효했다. 이후, 2010년 9월부터 '월드 오브 워크래프트'의 확장팩 '리치왕의 분노巫妖王之怒'가 흥행에 성공하면서 매출이 급증하며 중국 게임업계 2위로 성장했다.

블리자드와 중국 합작법인 스톰넷을 설립하고 '스타크래프트 2(星际争霸2)'도 중국에서 서비스를 제공하고 있다.

2017년은 넷이즈 게임이 선두를 굳건히 한 해이다. 넷이즈의 배틀그라운드 형식의 게임인 '황야행동', '터미네이터 2: 심판의 날', '마인크래프트' 등 게임은 최고 DAU를 기록하며, 넷이즈 게임의 미래 성장동력으로 성장할 가능성을 보여줬다. 넷이즈의 성장은 자체적인 연

넷이즈 기업 정보

회사명	넷이즈
설립일	1997년 6월
2017년도 매출액	541.02억 위안(약 9조 3,298억 원) 지난해 대비 41.7퍼센트 상승
게임 분야 매출액	362.82억 위안(약 6조 2,550억 원), 전체의 약 67퍼센트
특징	포털에서 2001년 게임 산업으로 확장
주요 게임	'황야행동(荒野行动, Knives Out)', '터미네이터2: 심판의 날(终结者2 : 审判日)', '마인크래프트(我的世界)'

구개발로 끊임없이 신제품을 출시하는 데 기인하고 있다. 스타를 활용한 게임 마케팅과 게임 방송을 통한 이용자의 수를 확대하는 전략도 큰 효과를 보고 있다.

9

의료 산업 선진화, 스마트 헬스 산업

스마트 헬스케어, 정보의 육성 의지가 큰 역할

스마트 헬스케어 역시 중국은 정부의 육성 의지가 큰 역할을 하고 있다. 스마트 헬스케어는 건강관리 및 의료 서비스와 IT가 융합된 새로운 보건의료 서비스이다. 특히 스마트폰과 웨어러블 기기 등 모바일 기기를 활용하여 시간과 장소의 제약 없이 건강상태를 모니터링하고 개인별 맞춤형 서비스를 하는 것이 핵심이 되고 있다.

스마트 헬스케어 산업은 크게 하드웨어, 소프트웨어, 서비스로 분류된다. 하드웨어에는 주로 웨어러블 기기 및 이와 관련된 디스플레이 및 센서 등이 포함되며, 주요 제품으로는 삼성의 기어, LG의 라이프밴드, 핏비트Fitbit의 차지Charge, 조본Jawbone의 UP24, 나이키의

퓨얼밴드Fuelband, 메드트로닉Medtronic의 미니메드MiniMed, 인슐렛Insulet의 옴니파드OmniPod 등이 있다.

소프트웨어에는 의료·건강 정보 솔루션, 개인건강기록 솔루션, AI 기반 분석 툴 등이 포함되며, 주요 제품으로는 Nike+ Fuelband SE, 삼성전자 S헬스, 눔 다이어트 코치(안드로이드, iOS 기반 기기), 애플 HealthKit, 구글 Google Fit 등이 있다.

서비스 분야는 유전자 분석을 포함한 진단 서비스, 생활건강 모니터링 서비스를 포함하는 건강관리 서비스로 분류되며, IBM 왓슨과 구글 빅데이터 시스템이 대표적이다.

스마트 헬스케어가 부상하면서 의료 서비스에서 질병 예방과 건강관리의 중요성이 확대되기 시작했다. 중국 정부는 의료비 부담 증가와 의료 서비스의 지역 간 불균형 심화에 대한 대응 수단으로 스마트 헬스케어 서비스를 바라보고 있다. 이에 따라 의료 서비스의 80퍼센트가 대도시에 집중됨에 따라 야기되고 있는 의료 서비스의 공백을 모바일 기기를 활용한 스마트 헬스케어 서비스로 해결할 방침이다.

규제 풀어 창업 활성화로 헬스케어 산업 육성

중국산업정보망(2018)에 의하면, 중국 모바일 헬스케어 시장의 규모는 2014년 28.4억 위안에서 2017년 125.3억 위안으로 성장했다. 2020년에는 574.1억 위안으로 확대될 전망이다. 보스턴컨설팅그룹(2015)은 중국의 디지털 헬스케어 시장 규모가 2017년 166B 위안에서 2020년 693B 위안으로 상승할 것으로 전망했다.

중국 정부는 의료 서비스 공급 부족을 완화하고 IT 융합 신서비스를 활성화하기 위해 스마트 헬스케어 서비스를 적극 육성하고 있다. 의료 서비스 개혁과 고부가가치 신산업 활성화라는 두 가지 정책목표를 동시에 달성하기 위해서다. 이를 위해 중국 정부는 과감한 규제 완화를 통한 창업 활성화에서 해법을 찾고 있다.

중국 정부는 2009년부터 단계적으로 원격의료와 관련된 규제를 완화하기 시작하여 2014년에는 의사와 환자 간 원격의료 서비스를

중국 디지털 헬스케어 시장 규모

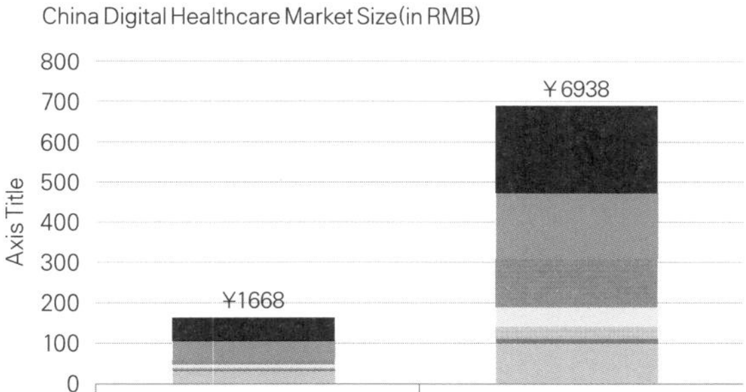

	2017	2020
patient management	57	216
doctor-patient communication	46	164
health consulting & managemnet	14	126
hospital info service	6	41
data service	7	35
professional medical info	4	15
e-Commerce	32	96

자료: 보스턴컨설팅그룹(2015), China's Digital Healthcare Market to Grow to RMB 700B in 2020

전면적으로 허용했다. 원격의료와 관련된 사전적 규제는 사실상 사라졌으며, 원격의료와 관련해서는 네거티브 방식의 규제 시스템을 수립해 한국과는 전혀 다른 의료 서비스들이 가능하다.

원격의료 허용과 함께 중국 정부는 스마트 헬스케어 활성화를 위해 의료 빅데이터 사용에 관한 제도를 정비했다. 2016년 국무원은 '건강의료 빅데이터 응용 발전의 촉진과 규범에 관한 지도의견关于促进和规范健康医疗大数据应用发展的指导意见'을 통해 중국 정부의 헬스케어 관련 빅데이터에 활용에 대한 정책방향을 제시했다. 빅데이터 플랫폼은 국가급, 성급, 시급, 현급으로 나누어 구축하여 공중보건, 출산, 의료보험, 병원 서비스 의약품에 관련된 정보를 취합하는 것을 골자로 하고 있다.

2018년 5월 국무원에서는 〈'인터넷 + 의료건강' 발전 촉진방안关于促进"互联网+医疗健康"发展的意见〉을 발표해 의료계에 '지' 혁명을 촉발시키고 있다.

인터넷 + 공공보건 서비스 혁신, 인터넷 + 약품공급 보장 서비스 개선, 인터넷 + 의료보장 결제 서비스 추진, 인터넷 + 의학 교육과 과학문화 보급 서비스 강화, 인터넷 + 인공지능 응용 서비스 추진 등 7대 분야에서 관련 서비스의 융합발전을 촉진하겠다고 발표한 것이다.

거대 플랫폼 기업이 스마트 헬스케어 주도

중국의 스마트 헬스케어 산업의 빠른 성장은 정부의 지원과 함께 거대 플랫폼 기업들의 적극적인 참여가 큰 몫을 하고 있다. 전통적인 의료기관보다는 거대 플랫폼 사업자나 IT 제조업체가 참여해 시장을 선도하고 있기 때문이다. 다른 국가에서도 일반적으로 전통적인 의료, 금융, 유통 기업들보다는 IT 기반 스타트업이 IT 융합 신서비스를 주도하고 있지만, 기존 산업의 경쟁력이 높지 않은 중국과 같은 후발국에서는 이러한 현상이 더욱 두드러진 특징이다.

아직까지 중국 스마트 헬스케어 산업은 주로 웨어러블 기기를 포함한 스마트 기기 제조를 중심으로 성장하고 있으며, 기존에 다른 산업에 기반을 둔 플랫폼 기업들이 서비스 부문으로 사업 영역을 확장해 나가고 있는 단계이다. 샤오미, 화웨이, 라이프센스, 뿌뿌까오, 몹보이 등의 제조업체가 스마트혈압계, 스마트워치 등의 분야에서 두각을 보이고 있다. 또한 바이두, 알리바바, 텐센트 등과 같이 이미 글로벌 기업으로 성장한 거대 플랫폼 기업들이 헬스케어 분야로 플랫폼을 확장하고 있다.

9-1

바이두, 검색엔진에서 의료 AI로 확장

바이두는 빅데이터·클라우드 기반의 하드웨어 웨어러블 기기 개발 등 하드웨어 분야를 중심으로 사업을 확장하고 있다.

2014년부터 중국 대형병원인 301병원301医院과 합작해 공동으로 모바일 인터넷 의료 플랫폼을 설립하여, 바이두닥터百度医生 앱을 통해 환자와 의료 서비스를 연결하기 시작했다. 최근에는 AI 솔루션과 접목한 로봇 개발 등을 통해 스마트 헬스케어 사업을 확장하고 있다.

2016년 10월 인공지능을 사용하여 문자를 통해 의사의 환자 진료를 돕는 챗봇chatbot인 '멜로디melody' 서비스를 출시해 좋은 반응을 얻고 있다. 이 챗봇은 환자들에게 의료 상담은 물론 어떤 의사가 좋은지를 추천해주는 역할을 하고 있다.

바이두는 빅데이터 수집·처리 분야에서도 시장을 선도하고 있다.

9-2

알리바바, 전자상거래 플랫폼 선도

전자상거래 플랫폼을 운영한 경험을 살려 알리바바는 의약품 전자상거래 및 O2O 병의원 이용 서비스 '미래병원' 시스템을 구축했다. 이곳에서는 진료예약과 상담이 가능하며 자사의 결제 시스템과 연동시켜 금융 서비스도 받을 수 있다. 미래병원은 환자가 병원의 의료 서비스를 이용할 때 진료예약, 검진 결과, 진료비 결제, 처방전 수령 등에 필요한 정보까지 제공하고 있다. 환자의 진료 순서 및 검사실 위치 등의 정보도 제공하며, 알리바바의 결제 시스템인 즈푸바오支付宝를 통해 모바일 결제도 가능하다.

또한 '알리건강阿里健康'이라는 애플리케이션에, 병원 진료 후 진단서 번호와 의료보험 코드 등의 정보를 기입하면 처방에 따른 의약품을 내용을 알 수 있고 즈푸바오로 바로 결제할 수 있는 서비스를 제공받을 수 있다.

2016년 7월에는 알리건강이 '광저우오천년제약회사广州五千年医药连

알리바바 미래병원 애플리케이션

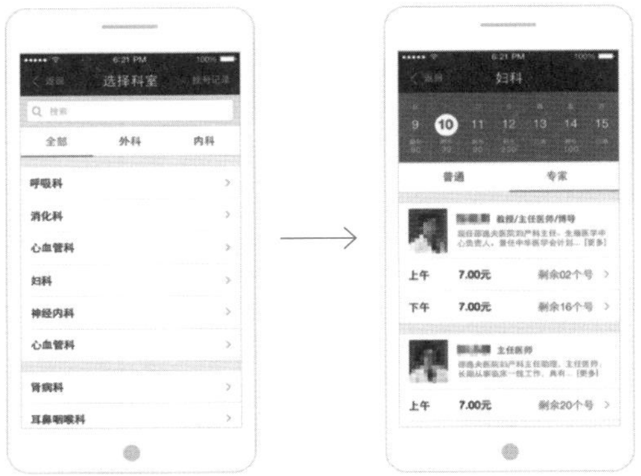

자료: 알리바바 미래병원 홈페이지 https://d.alipay.com/wzfwc/futureHospital.htm(접속일자 2017. 11. 25)

锁有限公司'라는 중소 의약유통사를 인수함으로써 온라인에서 직접 비처방 의약품을 판매할 수 있는 통로도 확보했다.

9-3

텐센트,
헬스케어 종합 플랫폼 구축 중

텐센트는 병원 건강관리, 스마트 기기, 의약품 유통, 의약 클라우드 컴퓨팅, 빅데이터, 약품 개발까지 헬스케어 종합 플랫폼을 구축 중이다. 텐센트는 중국판 카카오톡인 '위챗'을 운영하고 있는 ICT 기업으로, SNS를 기반으로 한 헬스케어 플랫폼을 구축하고 있다.

텐센트는 2014년 최대 의학 포털사이트인 딩샹웬丁香园을 인수하면서 모바일 헬스케어 시장에 진입했다. 딩샹웬은 원래 의학 전공자를 대상으로 문헌검색 서비스를 제공하던 PC 포털이었으나, 현재는 모바일 애플리케이션에도 정보를 제공하고 있다. 의학 토론, 의료 분야 구직, 헬스케어 분야의 비즈니스 정보, 의료 분야 학회 및 세미나 소식 등의 정보가 집대성되어 있다.

텐센트는 2017년 3월에는 '인촨스마트병원银川丁香互联网医院'을 설립하면서, 원격진료 시장에도 진출했다. 또한 '탕따이푸糖大夫'라 불리는 전용 혈당 측정기를 출시하면서 웨어러블 기기 시장에도 진출했다. 스마트폰처럼 생긴 혈당 측정기로 혈당을 측정하면, 자동으로 위챗에 기록되고, 딩샹웬에도 연결되어 의사와 상담도 할 수 있다.

2017년 8월에는 'AI 의학 보조 진료 개방 플랫폼'을 발표하고, 'AI + 의료' 제품인 텐센트 '미잉miying'을 통해 의료 정보를 통합하여 진료까지 제공하는 스마트 의료 생태계를 구축할 계획이다. 미잉의 핵심 기능은 'AI 의학 영상분석'과 'AI 보조진단'이다. 미잉은 약 50만 개의 의학 용어 데이터베이스를 축적했으며, 20만 개 이상의 의학 표준 데이터베이스와 1,000만 개 이상의 건강 지식 데이터베이스, 8,000만 개 이상의 고품질 의료 지식 데이터베이스, 1억 개 이상의 의료 백과사전 데이터 등의 정보까지 쌓았다.

미잉은 병원의 HIS 시스템을 도와 인터넷 의료 서비스의 스마트화를 실현하고 진료 전, 진료 현장, 진료 후에 이르는 스마트 의료 생태계를 조성할 전망이다. 나아가 위챗으로 진료 번호표 발급부터 의약품 구매까지, 의료 서비스의 원스톱 생태계를 구축할 계획이다.

BAT의 모바일 헬스케어 사업 영역 및 핵심 분야 비교

구분	바이두	알리바바	텐센트
핵심 플랫폼	AI 의료용 로봇, 의료 빅데이터, 데이터 클라우딩	의약품 전자상거래 의약품O2O	원격진료, 외래예약 및 접수, 의료상담 등
핵심 전략	빅데이터 수집 기술을 활용한 HW 중심 개발	제약사 등과의 연계를 통한 헬스케어 전문 전자 상거래 플랫폼 구축	모바일 헬스케어 운영 APP 투자를 통한 종합 플랫폼 구축
주요 제공 서비스	건강관리 서비스	진료예약· 결제 서비스	진료예약· 원격의료 서비스

9-4

화웨이, 원격진료 종합 솔루션 플랫폼 구축

화웨이는 통신기술을 바탕으로 의료 클라우드, 의료정보 시스템 등을 구축하면서 원격의료를 위한 종합 솔루션 플랫폼을 구축 중이다. 운남백약云南白药 등 제약회사에 정보를 클라우드로 수집하여 분석하는 시스템을 제공했고, 필립스와는 2016년 MOU를 체결하여 화웨이의 사물인터넷 기술을 접목하여 공동 클라우드 플랫폼 개발을 시작했다. 중국 각 성별 대형병원에 중국 병원정보시스템HIS, 전자의무기록EMR, 진단검사시스템LIS 등을 구축해 서비스 중이다.

화웨이의 모바일 헬스케어 앱인 '화웨이운동건강华为运动健康'에서는 체지방 측정기, 혈압·혈당 모니터, 심박수 모니터 등 화웨이의 모바일 측정기기와 연계하여 관리할 수 있는 서비스를 제공하고 있다. 아울러 강성强生, 괄호망挂号网, 춘우春雨와 건강관리 플랫폼을 설립했으며, 플랫폼에서 운동, 혈압, 혈당, 체중, 수면 등의 건강지표에 대한 모니터링을 할 수 있다.

9-5

샤오미, 스마트 헬스케어 하드웨어 주도

인터넷 회사로 자리매김한 샤오미는 평면 TV뿐만 아니라 스마트하드웨어 분야로 영역을 확장 중이다. 특히 인터넷 의료건강 분야에서 거대한 비즈니스 기회를 개척하고 있다.

샤오미는 먀오먀오커지秒秒测科技라는 스마트 의료 하드웨어에 투자했다. 'iHealth'의 하드웨어는 샤오미의 도움을 받아 빠르게 시장을 장악하고 있다. 샤오미가 생산하는 스마트 웨어러블 기기는 모바일 의료정보와 연동되고, 만성질환 관리와 간호를 보조하는 비즈니스 모델로 확대되고 있다.

9-6

스타트업,
모바일 헬스케어 우후죽순 창업

스마트 헬스케어 시장은 스타트업들의 활약이 돋보인다. 모바일 헬스케어 애플리케이션 스타트업으로 2011년 설립된 '춘위이성春雨医生'이 대표적이다. 이용률 1위 온라인 건강정보 플랫폼을 구축해 문진 등의 원격의료 서비스를 제공하고 있다. 회원으로 등록하면 수시로 상담이 가능하고 3분 이내에 의사의 답변을 들을 수 있다. 또한 회원이 접속한 지역 내 의사를 추천해주며 의사 개인이 의료수가를 제시할 수 있어, 환자 스스로 가깝고 저렴한 의사를 선택해 진료받을 수 있다.

2010년에 설립된 웨이이微医는 중국 내 월 이용자가 약 320만 명에 달하는 중국 최대의 진료예약 전문 애플리케이션이다. 웨이이는 전국의 900여 개의 대형병원과 연계되어, 진료예약, 질병의 양상에 따른 병원 및 의사를 추천해주는 서비스를 제공한다.

세계 최대 시장, 전자상거래 산업

전자상거래, '지' 혁명의 토대 만들다

중국의 전자상거래는 '지' 혁명의 토대를 구축하는 밑거름이 됐다. 2000년대 이후 인터넷 인프라가 구축됐지만, 정부의 '지' 혁명에 힘입어 중국의 전자상거래 산업은 2013년 이후 전 세계 최대 규모로 성장했다. 중국 시장조사기관 아이리서치에 따르면 2016년 중국 전자상거래 시장 규모는 20조 2,000억 위안이었고, 2019년에는 약 32조 7,000억 위안으로 급성장할 전망이다.

중국 전자상거래 시장은 2016년 기준 B2B 전자상거래가 전체 거래액의 72.1퍼센트로 가장 큰 비중을 차지하고 있다. 그다음으로 온라인 쇼핑(B2C 및 C2C)이 23.3퍼센트, 여행이 3.0퍼센트, 현지 생활

중국 전자상거래 시장 규모

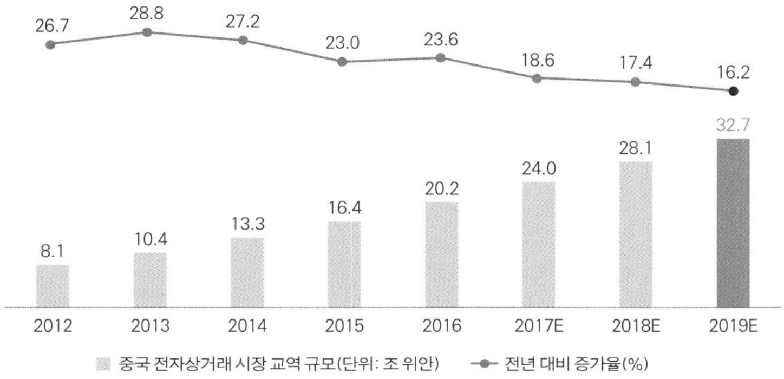

자료: 아이리서치 [KOTRA(2017), p.10에서 재인용]

서비스 O2O가 1.3퍼센트로 뒤를 잇고 있다. 중국전자상거래연구센터에 따르면 2017년 기준으로 B2B 전자상거래 시장 규모가 20.5조 위안으로 71.5퍼센트를 차지하며 온라인 쇼핑의 시장 규모는 7.2조 원으로 25.1퍼센트를 차지하고 있다.

온라인 쇼핑 시장을 중심으로 성장

중국 전자상거래 시장 중 개인 소비자를 대상으로 하는 B2C 및 C2C 시장, 즉 온라인 쇼핑 시장이 중국 전자상거래 시장의 성장을 이끌고 있다. 중국전자상거래연구센터에 따르면 온라인 쇼핑의 시장 규모는 2017년 기준 7조 1,751억 위안으로 2016년(5조 1,556억 위안) 대비 33.0퍼센트 증가했다.

중국 온라인 쇼핑 시장 규모

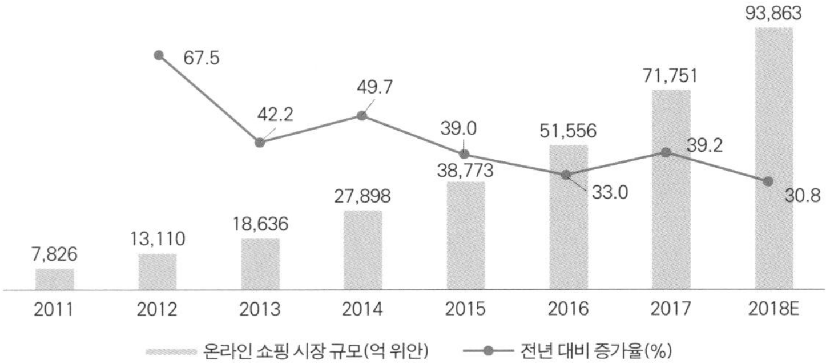

자료: 中国电子商务研究中心(2018), 2017年度中国网络零售市场数据监测报告

중국 온라인 쇼핑 시장에서 B2C 및 C2C의 비중 변화

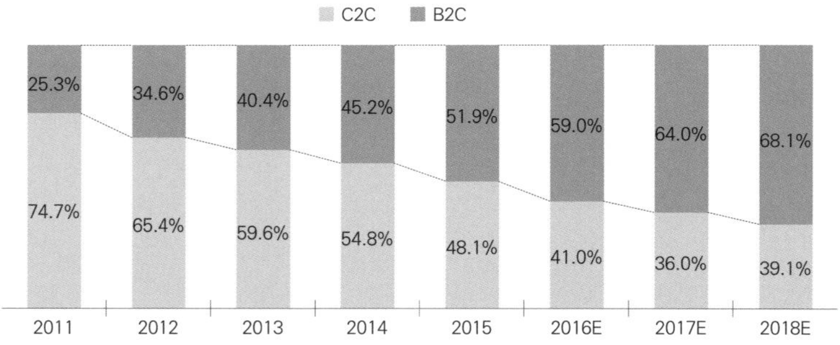

자료: CCFA(2016) [강동준(2018), p.4에서 재인용]

2017년 상반기에는 징둥JD.com의 '618 쇼핑축제' 등의 성과에 힘입어 온라인 쇼핑의 시장 규모는 2016년 상반기(2.3조 위안) 대비 34.8퍼센트 증가한 3.1조 위안을 달성했다. 2017년 하반기에도 중국

중국 온라인 쇼핑 이용자 규모

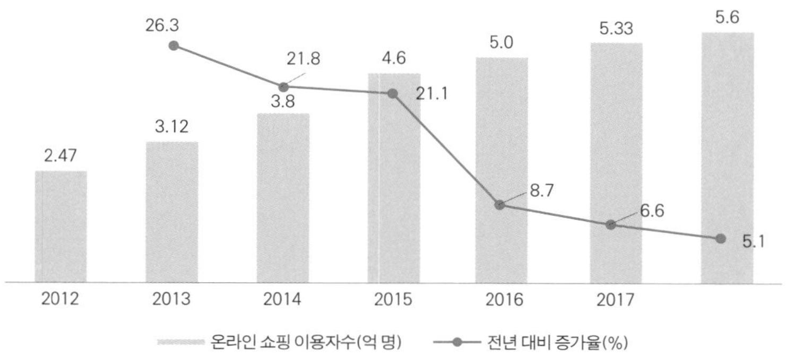

자료: 中国电子商务研究中心(2018), 2017年度中国网络零售市场数据监测报告

최대의 쇼핑축제인 알리바바의 '광군제Double 11'와 'Double 12', 쑤닝닷컴Suning.com의 '818' 등과 같은 주요 전자상거래 기업들의 인기 있는 쇼핑 행사가 큰 성과를 거두면서 2017년 한 해 동안 온라인 쇼핑의 시장 규모가 7조 위안을 넘어서게 됐다.

온라인 쇼핑 시장이 발전하던 초기에는 C2C 시장이 B2C 시장보다 규모가 더 컸으나, 2015년에 B2C 시장(2.0조 위안)이 처음으로 C2C 시장(1.8조 위안)을 넘어서며 현재 B2C가 시장을 선도하고 있다.

모바일 기반 온라인 쇼핑의 중심

모바일 기기의 사용자가 급증하면서 모바일 기반 온라인 쇼핑이 급성장하고 있다. 중년 및 고령층 소비자의 경우 PC보다는 모바일 기

중국 온라인 쇼핑에서 PC와 모바일 거래액 비중 변화

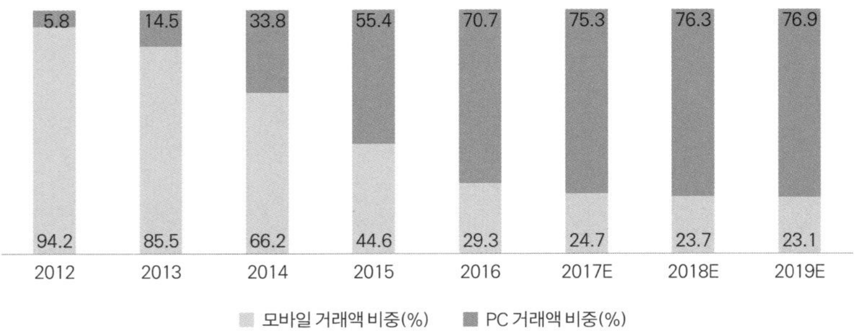

자료: 아이리서치 [KOTRA(2017), p.12에서 재인용]

기를 이용하는 것이 더 쉽기 때문에 PC 기반 온라인 쇼핑을 하지 않던 연령층도 모바일 쇼핑은 하는 경우가 많아지고 있다. 또한 제품 구매뿐만 아니라 숙박 예약, 음식 주문, 택시 호출 등 모바일을 통한 쇼핑 환경이 발전함에 따라 소비자들의 모바일 쇼핑에 대한 친숙도가 더욱 커지고 있다.

위챗 등 소셜 커뮤니티 전자상거래의 성장도 모바일 쇼핑의 성장에 기여하고 있다. 온라인 쇼핑에서 모바일 기반 쇼핑은 지속적으로 성장하여 2015년을 기점으로 모바일 기반 거래액이 PC 기반 거래액을 상회했으며, PC 기반 거래액 비중은 25퍼센트 이하로 떨어졌다.

국경 간 전자상거래 폭발적 증가세

중국 전자상거래 수입시장은 2009년 양마터우洋码头가 설립되며 시작됐다. 2014년 전자상거래 수입의 합법화가 이루어지면서 2014~2015년 중국 내 전자상거래 수입 플랫폼 설립의 전성기를 맞이했다.

중국의 대표적인 국경 간 전자상거래 플랫폼인 티몰글로벌天猫国际, VIP인터내셔널唯品国际, 왕이카오라하이거우网易考拉海购, 징둥월드와이드京东全球购, 쥐메이글로벌스토어聚美极速免税店, 이하오하이거우1号海购, 쑤닝글로벌쇼핑苏宁全球购 등이 우후죽순 출범했다.

이를 계기로 해외 온라인몰을 방문하여 제품을 구매하던 소비자들이 중국 내 전자상거래 플랫폼을 통해 해외 제품을 구매하게 되면서 국경 간 전자상거래가 일반적인 상황이 됐다. 중국전자상거래연구센터의 발표에 따르면 2017년 중국 전자상거래 수입 규모(B2B 및 B2C)는 1조 7,600억 위안으로 전년 대비 46.7퍼센트 증가했다.

중국 국경 간 전자상거래 수입시장 규모

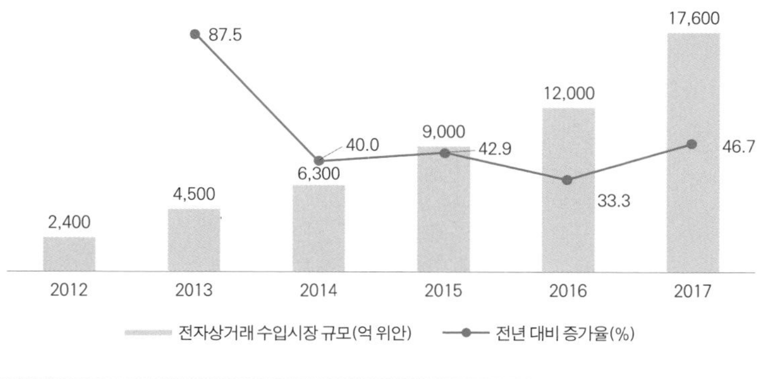

자료: 中国电子商务研究中心(2018), 2017年度中国网络零售市场数据监测报告

중국 국경 간 B2C 전자상거래 수입시장 규모

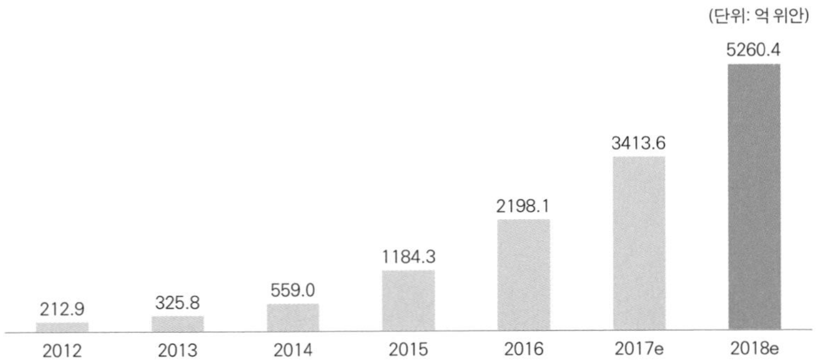

자료: 아이리서치 [KOTRA(2017), p.13에서 재인용

국경 간 B2C 전자상거래 수입시장 규모는 2017년 3,414억 위안에 달하는 것으로 추정되고 있다.

중국의 국경 간 B2C 전자상거래 이용 시 최대 거래 국가는 미국(48퍼센트)이며, 한국(37.8퍼센트)도 일본(45.3퍼센트)에 이어 3위를 차지하고 있다. 주요 구매 품목은 화장품, 분유 및 유아용품, 의류, 건강보조식품 등인데, 화장품 및 미용 관련 제품(53.4퍼센트)이 가장 높은 비중을 차지하고 있다.

10-1

알리바바, 신유통을 선도하다

중국 최대 전자상거래 기업이 되다

알리바바 그룹은 1999년 설립된 중국 전자상거래 시장 점유율 1위 기업이다. 설립 초기에는 수천 개의 중국 기업들을 위한 B2B 웹사이트였으나, 디지털 시대에 최종 소비자에게 서비스하는 것이 중요하다는 점을 인식하고 타오바오(C2C)와 티몰(B2C)을 구축하여 중국

알리바바 그룹의 사업 부문별 매출액 및 구성비

	FY2017 (2016. 4. 1~2017. 3. 31)		FY2018 (2017. 4. 1~2018. 3. 31)		매출 증가율 (%)
	USD (in Millions)	%	USD (in Millions)	%	
전자상거래	19,897	84.6	32,293	85.5	62.3
디지털 미디어 & 엔터테인먼트	2,190	9.3	2,952	7.8	34.82
클라우드 컴퓨팅	990.23	4.2	2,020	5.4	104.03
기타	445.40	1.9	496.72	1.3	11.52

자료: Market Screener

전자상거래 시장에서 돌풍을 일으키고 있다.

알리바바의 사업 부문은 전자상거래, 클라우드 컴퓨팅, 디지털 미디어 & 엔터테인먼트, 기타(혁신 이니셔티브 등)로 구성되어 있다. 알리바바 매출의 대부분(85.5퍼센트)은 전자상거래가 차지하고 있으며, 가장 높은 성장세를 보이고 있는 부문은 클라우드 컴퓨팅이다.

'지' 산업으로 문어발식 영역 확장

알리바바의 전자상거래 부문은 B2B, C2C, B2C 모두 성공적이다. '지' 혁명의 기반이 되는 온라인 쇼핑 데이터를 바탕으로 금융, 빅데이터, AI, 신유통 등 다양한 사업으로 영역을 확대하고 있다. 알리바바는 2015년 요우쿠투도우優酷土豆라는 온라인 동영상 스트리밍 플랫폼을 인수한 후 자체적으로 콘텐츠를 제작하여 플랫폼에 반영하면서 미디어 & 엔터테인먼트 사업을 운영하고 있다.

FY2018 기준 클라우드 컴퓨팅 매출 성장률은 104퍼센트로 빠르게 상승하고 있다. 시장조사기관 시너지리처시그룹에서 발표한 자료에 따르면, 알리바바는 아마존웹서비스, 마이크로소프트, 구글에 이어 2018년 1분기 글로벌 퍼블릭 클라우드 인프라IaaS 및 플랫폼 서비스 시장에서 IBM을 제치고 4위를 기록했다.

신유통 생태계 구축에 경영 집중

알리바바는 신유통의 생태계 구축을 위해 공격적으로 투자하고 있다. 쑤닝이거우苏宁易购, 싼장쇼핑클럽三江购物俱乐部, 인타이상업银泰商业, 리엔화슈퍼联华超市 등 중국 유명 슈퍼마켓과 백화점 등의 지분 인수와 투자를 통해 오프라인 시장으로 세력을 확장하고 있다.

2017년 11월에는 중국 4위 유통업체이자 중국 최대 오프라인 소매업체인 가오신高鑫의 지분을 인수했다. 이 회사는 프랑스 유통업체 오샹Auchan그룹과 대만 룬타이閏泰, 루엔텍스의 합작사이다. 전국 29개 성시 자치구에 446곳의 룬타이 그룹의 따룬파大润发 및 오샹의 매장 브랜드를 운영 중이다. 2018년 2월에는 54억 5,300만 위안을 투자하여 중국의 가구점인 쥐란즈자居然之家의 지분 15퍼센트를 확보했다. 쥐란즈자는 중국 내 223개 매장을 보유한 거대 가구 유통 채널이며, 알리바바는 이번 지분 인수를 계기로 쥐란즈자의 물류 및 회사 시스

2017년 기준 알리바바의 오프라인 소매업체 투자 현황

자료: 아이리서치 [〈KOTRA 해외시장뉴스〉(2017. 12. 13)에서 재인용]

템을 디지털화하는 '지' 혁명을 일으킬 계획이다.

신유통 대표 모델 '허마셴셩'

허마셴셩Hema 슈퍼마켓은 식료품 쇼핑 부문에서 온라인 및 오프라인 경험을 기술과 접목한, 알리바바의 대표적인 신유통 모델이다. 모바일 앱을 이용하여 제품을 검색해 주문하면 반경 3킬로미터 이내의 주문에 대해 30분 안에 배송을 해준다.

매장 내에서 온라인 구매도 가능하다. 고객은 매장에서 단지 원하는 제품의 바코드를 스캔하고 수량을 표시한 뒤 알리페이로 지불하면 된다. 그러면 주문된 제품은 천장에 달린 컨베이어 벨트를 통해 상점 옆의 배달센터로 보내 정해진 시간 안에 배송받게 해준다.

허마셴셩은 이런 과정에서 취합된 빅데이터를 분석하여 소비자의 성향을 파악하고 예상되는 주문 상품을 미리 배치한다. 또한 매장 내에는 고객이 직접 선택한 요리 재료로 요리사들이 즉석에서 요리한 식사를 할 수 있는 다이닝 공간도 마련돼 있다.

알리바바는 2016년 1월 상하이에 허마셴셩 1호점을 낸 후 2018년 7월 말 현재 12개 도시에 68개의 매장을 보유하고 있으며, 2019 회계연도가 끝나는 2019년 3월에는 100개까지 확장할 계획이다. 향후 5년 안에 매장을 2,000개까지 늘릴 방침이다. 상하이 소재 허마셴셩 슈퍼마켓은 로봇 식당을 개설해 고객에서 새롭고 즐거운 경험을 제공하고 있다.

물류 혁명의 기폭제 '차이냐오네트워크'

알리바바가 전자상거래에서 성공적인 실적을 거두고, 신유통을 시도할 수 있는 것은 체계적인 물류 시스템, 차이냐오네트워크菜鳥網酪, Cainiao Network의 경쟁력 때문이다. 차이냐오는 2013년 설립된 알리바바의 물류 부문으로 타오바오와 티몰 성공의 토대가 됐다. 중국 내 배송은 24시간, 글로벌 배송은 72시간 이내를 목표로 하고 있다.

이 같은 토대 위에 알리바바는 인타이銀泰그룹과 푸싱復星그룹, 푸춘富春물류, 선퉁申通물류와 연합해 '중국 스마트 물류 네트워크China Smart Logistics Network' 프로젝트를 출범시켰다. 이 네트워크를 구축을 맡은 회사가 바로 '차이냐오네트워크 테크놀로지'이다. 자체 택배서비스를 구축하는 대신 제3자 택배를 활용하여 배송 네트워크를 구축하는 '플랫폼 모델' 방식이다. 이는 인건비를 획기적으로 줄여주는 역할을 하고 있다. 차이냐오의 창고 네트워크가 중국 내 250개 도시에서 당일 및 익일 배송 서비스를 제공하고 있기 때문이다.

차이냐오는 세계 최대의 물류 데이터베이스를 운영하며 하루에 최대 9조 개의 레코드를 처리한다. 발송물의 70퍼센트 이상은 배송 경로를 최적화하기 위해 내장된 알고리즘에 따라 배송이 이뤄진다. 즉, 차이냐오는 플랫폼, 판매자, 택배업체, 대리점의 데이터를 연계시켜 시스템이 가장 효과적인 방식을 계산해낸다. 총 3,000만제곱미터의 창고 공간, 300만 명의 관련 인원, 19만 개의 택배 점포망, 20만 개의 택배 보관함, 10만 개의 택배 대리점 등이 네트워크를 통해 최적의 물류 서비스를 제공하고 있는 것이다.

10-2

징둥, 중국 전자상거래 2위 업체

알리바바와 최대 경쟁체제를 만들다

징둥은 1998년 설립된 B2C 서비스를 전문으로 하는 전자상거래 기업이다. 중국 온라인 소매시장 점유율 2위로 부상해 전자상거래 및 배송 분야에서 알리바바의 최대 경쟁기업이 됐다.

징둥의 사업 부문은 전자상거래JD Mall과 신사업 부문으로 이뤄졌

JD.com의 사업 부문별 매출액 및 구성비

	FY2016 (2016. 1. 1~2016. 12. 31)		FY2017 (2017. 1. 1~2017. 12. 31)		매출 증가율 (%)
	USD (in Millions)	%	USD (in Millions)	%	
전자상거래 (JD Mall)	38,777	99.2	52,680	98.3	35.85
신사업	686.81	1.8	890.99	1.7	29.73
기타	-	-	123.78	0.2	-

자료: Market Screener

다. 징둥 매출의 98퍼센트는 전자상거래가 차지하고 있으며, 그 외 제3자 물류 서비스, 기술 서비스, 해외 사업, 보험, O2O 등 신사업 부문의 매출이 2퍼센트에 약간 못 미치는 상황이다.

징둥은 특히 물류 시스템에 중점을 두고 있으며, 최근에는 알리바바와 마찬가지로 온·오프라인 및 물류를 결합하는 신유통에 대한 투자를 확대하고 있다.

창고에서 바로 배달 물류 혁신

징둥은 알리바바와 달리 창고에서 최종 소비자에게 제품을 배송하는 징둥물류JD Logistics라는 자체 물류 시스템을 구축했다. 중국 전역에 7개 대형 물류센터와 스마트 물류센터(아시아 1호亚洲一号), 355개의 대형 창고, 6,900여 개의 배송거점을 확보하고 있다.

2017년 10월 징둥은 인공지능과 로봇 기술을 이용하여 아시아 최초로 전 과정을 무인으로 처리하는 스마트 물류센터(무인택배 분류센터)를 구축했다. 여기서는 물품 집하·보관·포장·분류 및 상차까지 전 과정이 인력 없이 자동 시스템으로 이루어진다. 장쑤성 쿤산에 위치한 이 센터에서는 시간당 9,000개의 택배를 처리할 수 있다. 180명의 직원이 처리해야 할 작업량이다.

징둥의 물류 시스템의 또 다른 혁신은 대학 캠퍼스와 같은 소규모 지역을 위해 설계된 배송 로봇이다. 이 로봇은 최대 이동거리가 20킬로미터이고 한 번에 5개의 택배를 운반할 수 있다. 배송 로봇의 비용은 1대당 50,000위안이며, 택배당 배송비용은 1.5위안이다.

또한 징둥은 접근성이 떨어지는 중국의 시골 지역으로의 배송을 위해 각각 다른 기능을 갖춘 7가지 유형의 배송 드론을 개발했다. 이 드론은 1,000킬로그램을 100킬로미터 운반할 수 있으며, 향후 시골 지역으로의 배송비용을 크게 절감시킬 것으로 기대된다.

PART 6

대한강국의 길 'M-플랫폼 코리아'

CHINA DREAM

왜 플랫폼인가?

왜 플랫폼인가? 플랫폼Platform은 평평한 형태Plat+Form라는 의미의 단어로, 정보기술IT 분야에서는 다양한 서비스가 구현될 수 있도록 열려 있는 공간을 지칭한다. 싱가포르 등 다양한 나라가 국가 안의 모든 개인과 서비스를 연결하기 위해 방법을 골몰하고 있다. 다양한 서비스를 구현하게 한다는 점에서 오늘날의 중국은 '플랫폼으로서의 국가Nation as Platform'로 재탄생했다.

중국은 3차 산업혁명 시대에 인터넷 보급이 늦어져 산업경쟁력에서 밀렸던 경험을 갖고 있다. 이를 바탕으로 중국은 웹을 넘어 모바일로, IT를 넘어 4차 산업혁명으로 한 단계 건너뛴 혁명을 감행했다. 이 혁명에서 가장 중요한 정책방향 중 하나가 '플랫폼'으로 기업과 국가를 재탄생시키는 것이었다. 중국의 대표적인 IT 기업으로 꼽히는 BAT(바이두, 알리바바, 텐센트의 앞글자를 딴 명칭)는 모두 플랫폼 기업이다. 단순히 제품을 팔거나 서비스를 제공하는 것을 넘어서, 다양한 서비스가 자신들을 토대로 이뤄지도록 하고 있다.

바이두는 단순한 검색 엔진을 넘어 '중국의 구글'로 불리며, 여러 사업자와 기술력을 모아 자율주행차 등 많은 분야에서 미래 기술을 연구하고 있다. 알리바바는 '알리페이', '쯔마신용' 등 핀테크 기업을 넘어 알리페이가 없으면 중국에서 생활할 수 없는 수준에까지 도달했다. 발달한 핀테크 기술에 사용자 결제 정보를 더해 빅데이터와 AI 분야에서 선두로 치고 나가고 있다. 텐센트는 메신저 위챗을 진화시켜, 수백만 가지 서비스가 가능하도록 판을 키우고 있다.

중국뿐만 아니라 페이스북, 아마존, 구글, 애플 등 주요 글로벌 기업 역시 플랫폼으로 승부를 걸고 있다. 이들 모두 개방과 공유를 핵심 가치로 내세운 플랫폼 기업으로 무장해 기존의 틀에서 벗어나 새로운 사업 영역에 도전하고 있다. 예를 들어 페이스북은 콘텐츠, 커머스, 인공지능, 가상현실, 증강현실 등 다양한 분야에 지속적인 투자와 개발을 통해 단순한 소셜네크워크서비스를 넘어 통합 커뮤니케이션 플랫폼으로 진화하고 있다.

대한민국 성장 전략 역시 '플랫폼'에 달려 있다. 미래 사회는 플랫폼을 지배하는 국가와 기업이 전 세계 산업의 국가와 기업에 지배력을 행사한다. 기업도 국가도 플랫폼의 역할을 해야 기존의 경쟁자들에 비해 몇 배, 몇십 배의 힘을 발휘하며 경쟁에서 승자가 된다는 것이다. 플랫폼의 핵심은, 장場을 만든 다음 누구라도 들어와 활동할 수 있게 하는 점이다. 중국의 플랫폼 전략은 홀로 기술을 개발하지 않고 같이 개발하는 형태, 내가 만든 플랫폼에서 다른 작은 스타트업도 활동할 수 있게 하는 식으로 일어났다. 대한민국은 다양한 형태의 멀티 플랫폼, 이른바 'M-플랫폼'을 통해 중국의 도약에 맞서야 한다. 전 세계 여러 국가와 기업과 함께 뛰놀 수 있게 하는 멀티 플랫폼 국가, 멀티 플랫폼 기업으로 재탄생해야 한다.

2

기술 개발 플랫폼 구축

가장 핫한 자율주행 자동차 기업

자율주행차 하면 떠오르는 기업은 어디인가? 그래픽카드 기술력을 바탕으로 업계를 이끄는 엔비디아NVIDIA? 자동차 명가 독일의 BMW 그룹? 전기차의 대부로 꼽히는 일론 머스크의 테슬라? 모두 훌륭한 기업이지만, 2018년 들어 가장 뛰어난 자율주행차 기술 플랫폼으로 꼽히는 곳은 아폴로APOLLO다. 처음 듣는 플랫폼일 수 있다. 하지만 이 플랫폼을 운영하는 기업은 들어봤을 것이다. 바로 '중국의 구글'로 불리는 바이두이다.

각자도생? 뭉쳐야 산다

바이두가 주도하는 자율주행차 기술 개발 플랫폼 '아폴로'에는 127개 글로벌 기업이 참여하고 있다. 인텔, 마이크로소프트, 엔비디아, ZTE, 그랩 같은 기업은 물론이고 전통차 제조사인 BMW, 포드, 현대자동차그룹, 폭스바겐 그룹, 볼보 등이 모두 함께하고 있다. 바이두가 혼자서 자율주행차 개발에 도전하지 않고 함께 기술 개발에 나선 이유는 명백하다. 자율주행차 기술이 4차 산업혁명을 주도할 것이라는 평가가 나올 정도로 통신, 인공지능, 영상인식, 기계 등 다양한 분야의 기술력이 '끝판왕' 수준으로 쌓여야 한다. 또한 자율주행차 기술처럼 새로운 기술 분야는 선점이 중요하다. 한 번 업계 표준으로 굳어지고 나면 후발 플랫폼 사업자가 이를 역전시키기 어렵기 때문이다.

플랫폼 선점, 다수 기업이 힘을 모아야

우리나라는 어떨까? 우리나라 기업들의 협력은 주로 일대일, 기업 대 기업 사이의 양해각서MOU 체결의 형태로 진행된다. 중국의 아폴로 프로젝트처럼 플랫폼을 개방해 수많은 기업이 뛰어놀 수 있는 형태로 진행되는 경우는 적다. 자율주행차가 아니라도 중국의 알리바바가 다양한 분야에서 150여 개 플랫폼을 개발해 외부 기업과 적극 협력하는 것과 대조적이다.

이미 빅데이터, 인공지능, 자율주행차 등의 기술은 우리나라의 개별 기업이 글로벌 기술 격차를 줄이기 어려운 정도까지 벌어지고 있다. 예를 들어 삼성전자가 음성인식 인공지능 비서 빅스비Bixby를 개방한다거나, 통신사들의 음성인식 스피커 플랫폼을 개방한다면 어떨까? 우리 기업들의 기술 경쟁력은 충분하고, 세계 시장에서도 한국 시장은 첨단기술의 각축장으로서 충분히 매력을 가질 것이다.

기술 유출? 시장 선점이 우선

기술 유출에 대한 우려가 불가피하다는 비판은 충분히 가능하다. 하지만 관점을 바꿔보면, 기술 유출은 그 기술로 어떤 것을 하고 싶은가에 따라 전혀 걱정되지 않는 문제일 수도 있다.

바이두의 아폴로 프로젝트는 플랫폼 선점이 목표다. 지금 시대는 플랫폼을 선점하면 어떤 사업이든 추가로 벌여볼 수 있는 때다.

예를 들어, 바이두가 아폴로 프로젝트를 통해 4세대를 넘어 5세대 자율주행차 기술을 선점한다면, 플랫폼 사용료를 받는 것도 가능하겠지만 각종 마케팅 툴로 활용될 수도 있다. 자율주행차는 단순히 운전자에게 인포테인먼트를 제공할 가능성 외에도 물류 혁명에도 효과적으로 쓰일 것으로 기대된다. 이 모든 가능성이 바이두 주관으로 진행된다면 그 경제적 이익은 지금으로서 산정하기 어려운 수준이다. 모든 플랫폼은 정기적으로 업데이트되기에, 기술 개발 방향이 외부에 알려진다고 해서 경쟁력이 깎이는 것도 아니다.

유니콘 창업 플랫폼

BAT의 뒤를 잇는 TMD

중국의 BAT(바이두, 알리바바, 텐센트)에 관해서는 많은 사람이 그 경쟁력을 인지하고 있다. 다만 BAT의 뒤를 잇는 중국의 유니콘 기업으로 꼽히는 TMD에 관해서는 아직 낯선 사람들이 많을 것이다. TMD는 토우티야오, 메이퇀디엔핑, 디디추싱의 앞머리 글자를 딴 호칭이다. 토우티야오는 인공지능을 활용해 사용자가 원하는 뉴스 콘텐츠를 자동으로 추천해주는, 일명 '기자 없는 뉴스앱'이다. 메이퇀디엔핑은 중국판 '배달의민족' 앱이라고 보면 된다. 등록된 270만 개 업체가 하루 1,000만 건 이상 음식을 배달하며 중국인의 식탁 풍경을 바꾸고 있다. 디디추싱은 중국판 '우버'다. 차량공유 서비스 전 세계

2위 기업으로, 기업가치는 500억 달러(약 56조 원) 이상으로 평가받고 있다.

유니콘 기업이 단 3개에 불과한 우리나라 입장에서 보면 신기할 따름이다. 중국에서는 유니콘이 꾸준이 탄생할 뿐만 아니라 이를 뛰어넘는 데카콘(기업가치 100억 달러 이상 기업)까지 줄줄이 탄생하고 있기 때문이다.

BAT 다음은 BAT가 만든다

중국에서 이처럼 스타트업 창업 및 스케일업(창업 이후 성장 단계)에 성공하는 기업이 많은 데에는 BAT의 적극적인 투자가 원인으로 자리 잡고 있다. BAT는 중국 내 전체 벤처투자(2017년 약 40조 원)의 42%를 차지하며 약 16조 원을 투자했다. 중국에서 2018년 상반기에만 52개의 유니콘이 탄생한 비결이다.

중국 데이터 플랫폼 IT쥐쯔IT桔子에 따르면, 지난해까지 탄생한 유니콘 기업 124곳 중 BAT의 직접 혹은 간접투자를 받은 기업은 절반에 달한다. 여기에 더해 기업가치 50억 달러 이상 기업의 80%가 BAT의 투자를 받았다고 덧붙였다. BAT가 2세대 유니콘을 길러내고 있다고 해도 과언이 아닌 셈이다.

BAT의 투자를 유치하면 단숨에 평판reference이 상승하고 기업가치가 상승한다는 장점이 있다. 여기에 더해 BAT가 갖고 있는 노하우를 공유받아 성장에 활용할 수 있다. 기업 성장을 위해 필요한 최고의 영양분을 공급받는 셈이다. BAT가 창업에 나서 겪었던 수많은 시행착오를 줄이고, 기술 개발에만 집중하면 시장 분석, 유통망 확보, 시제품 제작 등을 모두 쉽게 헤쳐나갈 수 있기 때문이다. TMD는 물론이고 3세대 유니콘으로 꼽히는 소셜커머스 플랫폼 '핀둬둬拼多多'나 동영상 플랫폼 '콰이서우快手'까지 탄생하는 비결이다.

한국 재계 10대 그룹의 벤처투자는?

우리나라는 공정거래법이 금산분리(금융업과 산업의 분리를 강제하는 원칙, 지주회사의 행위를 제한하는 내용)를 명시하고 있다. 때문에 국내 재계 10대 그룹에서 벤처캐피털CVC·Corporate Venture Capital(벤처기업에 자금을 투자해 이익을 얻는 회사)을 가진 곳은 SK(SK디스커버리 산하 인터베스트)와 롯데(롯데지주 산하 롯데엑셀러레이터) 두 곳뿐이고, 이마저도 2019년 말까지 두 벤처캐피털을 계열사에서 제외해야 한다. 지주회사가 금융회사를 가질 수 없도록 하는 금산분리 규정이 벤처투자마저 얼어붙게 하고 있는 것이다.

결국 금산분리 규제로 인해 스타트업이 대기업의 노하우를 배우고, 성장동력이 될 자금 지원을 받을 수 없게 됐다는 의미다. 우리나라의 투자 규제 환경 때문에 해외로 눈을 돌리는 사례도 있다. LG그룹은 2018년 6월 LG전자·LG화학 등 주력 계열사 네 곳이 4,000억 원가량을 모아 투자회사인 LG테크놀로지벤처스를 설립했다. 설립 위치는 국내가 아니라 미국 캘리포니아주의 새너제이였다. 실리콘 밸리의 우수한 기업들에 투자하겠다는 의도도 있겠지만, 국내에서는 대기업이 벤처투자를 할 수 없게 가로막혀 있는 것이 더 큰 원인으로 작용했을 것으로 보인다.

대기업이 벤처캐피털을 운영하게 하자

대기업들은 일반적인 벤처캐피털을 운영할 수 있게 해달라고 정부에 요구해왔다. 공정거래위원회(위원장 김상조)는 2018년 7월 벤처캐피털을 운영할 수 있도록 금산분리를 완화하는 대신 벤처지주회사를 더 쉽게 운영할 수 있도록 규제를 바꿨다. 그러나 벤처지주회사는 벤처캐피털과 달리 금융기능이 담기지 못한다. 쉽게 말하면 스타트업 M&A를 할 수 없다는 말이다. 대기업 입장에서 생각해보면 '너희는 돈을 써서 스타트업을 키우되 너희 것으로는 만들지 말라'라는 것과 다름없다. 재계가 정부의 7월 발표를 반기면서도 마냥 환영하기만은 어려운 이유다.

금산분리 원칙을 완전히 철폐할 필요는 없다. 적어도 대기업이 벤처캐피털을 운영할 수 있도록 규제에 예외 규정을 신설해야 한다. 전통 대기업들이 가진 경험과 노하우가 신생 스타트업에 흘러 들어가 성장 동력으로 작용할 수 있게 하자는 얘기다.

중국의 벤처투자 보고 경계할 점은

다만 중국 BAT의 투자는 '독이 든 성배'라는 지적도 나온다. BAT의 투자를 유치하면 BAT는 취득한 지분을 활용해 기업 운영 과정에 목소리를 내는 한편 이사회에서 강한 영향력을 행사하기도 한다.

일부 기업은 자신의 잠재력을 활짝 꽃피우지 못하고 BAT의 도구로 전락하는 사례도 있다. 중국 배달 앱 '어러머'는 잠재 기업가치가 200억 달러에 이른 시기도 있었지만, 지금은 알리바바 그룹의 도구 정도로 평가가 급락했다. 정부가 벤처캐피털 운영 허용을 망설이는 것도 이해가 가는 부분이다.

그럼에도 '네거티브 규제'식 시도는 필요하다. 대기업이 스타트업 기술을 탈취하거나 악의적으로 활용하는 사례가 있으면 그때 규제를 만들면 된다. 중국이 단시간에 4차 산업혁명 선도국으로 거듭난 비결은 '선허용 후조치'다. 일단 기업들이 뛰놀게 하고 문제가 생기면 그때 해결하자는 주의다.

대기업이 벤처캐피털을 운영하게 해 M&A를 활성화하는 것은 우리나라 벤처 시장의 대표적 문제인 회수 시장 부재를 해결하는 데에도 도움을 줄 수 있다. 벤처업계에서 회수 시장은 투자한 자금을 회수하는 시장을 지칭한다. 회사 매각(M&A) 또는 기업공개(IPO)를 통한 상장 등이 있다. 우리나라는 좋은 기업이 태어나도 투자한 기업이 이를 회수할 방법이 많지 않다. 상장까지는 아주 긴 시간이 필요하고, M&A는 돈줄을 쥔 대기업이 쉽게 나서기 어렵기 때문이다.

앱이 필요 없는 통합 모바일 플랫폼

스마트폰이 앱으로 돌아간다는 상식

우리나라 국민은 평균 몇 개의 앱을 사용하고 있을까? 2017년 1월 구글코리아 발표에 따르면 한국인은 평균 53개의 앱을 설치해 사용하고 있다. 아태지역 10개국 중에서 압도적인 수준이다. 평균 설치 앱이 가장 적은 나라는 중국으로 25~30개 수준이었다. 그렇다면 한국인이 이용하는 스마트폰 서비스가 중국인보다 압도적으로 많을까? 중국의 스마트폰 생태계를 조금만 들여다봐도 알 수 있다. 정답은 '아니오'다. 그 이유는 '앱 스트리밍'에 있다.

앱을 다운로드하지 않는 생태계

앱 스트리밍은 쉽게 말하면 앱을 설치하지 않아도, 마치 유튜브에서 동영상을 재생하듯 이용할 수 있는 것과 같은 서비스다. 앱을 설치하지 않아도 인터넷에서 앱의 모든 기능이 구동된다면 굳이 앱을 설치할 필요 없을 것이다. 이와 비슷한 모바일 환경을 구현한 것은 중국의 텐센트이다. 메신저 앱 '위챗' 등으로 유명한 중국의 IT 기업이다. 텐센트는 자사 대표 플랫폼 '위챗'에 '샤오청쉬小程序, Mini Program' 서비스를 2016년부터 선보이고 있다.

위챗 앱 하나로 100만 개 서비스를 누리는 세상

위챗으로 구동할 수 있는 앱, '샤오청쉬'의 개수는 100만 개를 넘어섰다. 우리나라로 비유하면, '카카오톡' 앱 하나만 깔면 100만 개 이상 앱을 설치하지 않고 사용할 수 있는 셈이다. 스타벅스로 커피 주문하기, 파리바게뜨로 빵 구경하기, 길 찾기, 대출 등 모두 가능하다. 이런 서비스가 가능했던 이유는 중국 IT 공룡인 텐센트가 위챗에 탑재할 수 있는 서비스를 외부에 개방했기 때문이다. IT 공룡이라는 자만에 빠지지 않고 텐센트는 개방형 혁신에 집중했다. 자신들이 모든 서비스를 독점하고, 직접 제공하겠다는 목표를 세우지 않았다. 100만 개 이상의 각 서비스 개발사는 자사 서비스를 위챗에 탑재하기 위해 직접 코딩에 나섰다. 그 과정에 위챗만의 복잡한 기준을 내세우지도 않았다. 위챗의 샤오청쉬는 전부 HTML5라는 웹 표준 규격을 기반으로 구동된다. 기존에는 웹과 모바일 서비스를 구축하고, 다시 스마트폰용 앱 환경을 구축해야 했지만 HTML5 규격 하나만 지키면 별도로 서비스를 디자인하는 수고를 줄일 수 있게 된 것이다.

사용자 편의성도 동시에 잡았다. 우리나라 사람들은 스마트폰 용량이 부족해 앱을 깔았다 지우는 경험을 흔하게 갖고 있다. 영화 예매를 하려 CGV 앱을 설치했다 영화를 보고 나면 지우는 식이다. 하지만 앱을 스트리밍 형식으로 이용하면 번거롭게 앱을 깔았다 지웠다 할 필요가 없다. 위챗의 샤오청쉬를 사용하면 모두 해결된다는 의미다.

세계 최초의 앱 스트리밍 생태계

사실 앱 스트리밍 시스템은 이미 2015년 구글이 안드로이드 생태계에 도입하려 시도했다. 하지만 당시 안정성에 대한 비판이 일었고, 수시로 끊어지는 앱 구동 환경 때문에 사용자와 개발자 모두 마음을 돌렸다. 텐센트도 같은 문제를 겪었지만, 플랫폼을 개방하고 안정화에 심혈을 기울인 덕에 세계 최초로 앱 스트리밍 생태계 구축에 성공했다. 중국의 알리바바도 현재 샤오청쉬 플랫폼을 운영 중이며, 바이두도 2018년 12월께 해당 서비스를 도입할 계획이다.

한국 메신저, 포털 앱을 플랫폼으로 개방하자

우리나라에서 유명한 메신저와 포털 앱을 떠올려보자. 두 회사는 모두 자사 플랫폼에 자사 서비스를 탑재하기 위해 안간힘을 쏟고 있다. 사용자 확보에 더해 수익성 확보를 위해서는 피할 수 없는 과정이라고 하지만, 위챗이 앱 하나로 100만 개 서비스를 구동하는 것을 보면 아쉬울 따름이다. 개방형 모바일 생태계를 구축한 덕에 중국에서는 법원 재판까지 온라인으로 받고, 주민등록증을 모바일 인증서로 대신하는 시대가 왔다. 대한민국의 서비스도 따라가지 못한다는 법은 없다. 국내 최대 규모의 메신저와 포털 앱을 외부 서비스 탑재를 위해 개방한다면 사용자 편익이 커지고, 이 모델을 해외시장에도 활용할 수 있을 것이다. 우리나라는 특히 와이파이 인프라가 잘 구축된 나라기 때문에 데이터 사용량에 대한 우려나 앱 스트리밍 불안정에 대한 우려도 비교적 적은 편이다.

빅데이터 플랫폼 '데이터 거래소'

4차 산업혁명 시대의 '석유'

4차 산업혁명이라는 말은 지긋지긋할 정도로 익숙하지만, 이 혁명이 구체적으로 뭘 가져오는지 알려주는 사람은 없다. 과거 일어났던 세 차례 산업혁명과 4차 산업혁명이 공통점이 있다면, 그건 생산성이 폭발적으로 증가하는 현상이다. 과거 산업혁명들은 증기기관, 내연기관, 정보혁명을 통해 생산성이 증가했다. 4차 산업혁명은 모든 분야에 디지털 요소가 결합하고, 이를 통해 생산성이 증가하는 산업혁명이다.

디지털 요소가 결합한다고 해서 그냥 생산성이 증가하지는 않는다. 그리고 디지털화는 이미 3차 산업혁명에서 상당 부분 진행된 얘기다. 4차 산업혁명만의 차이점은 데이터가 생산성 증가에 활용된다는 점이다. 그것도 '빅데이터'를 사용한 '인공지능'을 활용해서 말이다. 2016년 일어났던 '알파고 쇼크'를 생각하면 간단하다. 어떤 분야의 데이터를 엄청나게 많이 모아서 컴퓨터에 입력하면, 사람이 하는 것보다 뛰어난 수준으로 현상을 분석하고 미래를 예측하는 시대가 왔다.

얼굴인식 정확도 99.8%의 센스타임

컴퓨터에 많은 데이터를 입력해, 컴퓨터가 스스로 알고리즘(논리구조)을 생성한 결과물을 우리는 흔히 '머신러닝 인공지능Machine Learning Artificial Intelligence'이라고 부른다. 흔히 '딥 러닝Deep-Learning'이라고도 부른다. 이를 위해 필요한 데이터의 양은 엄청나게 많다.

흔히 인공지능 기술의 성패는 '인간보다 더 나은 수준의 판단을 내릴 수 있는가'에 달려 있다고 말한다. 그 점에서 중국의 얼굴인식 인공지능 개발회사 센스타임는 이미 인간보다 더 나은 수준의 판단을 구현했다. 사람이 다른 사람의 얼굴을 정확하게 식별하는 확률은 97.53%인데, 센스타임은 자체적으로 개발한 알고리즘을 통해 2018년 6월 99.8%까지 식별률을 끌어올렸다.

20억 장 vs 필요한 데이터 없어 공공데이터 활용 안해

알고리즘 개발을 위해 사용한 데이터의 양은 그야말로 방대하다. 20억 장이 넘는 이미지를 활용해 알고리즘을 개발했으며, 이 중 상당수가 중국 정부에서 제공받은 CCTV 캡처 화면이다. 중국과 달리 미국과 우리나라는 개인정보보호법 등 관련 규제가 엄격하기 때문에 많은 양의 사진이 필요한 얼굴인식 인공지능을 개발하기 어렵다. 대신 미국은 사람의 대화를 인식하는 '자연언어처리' 분야 기술력이 세계 최고 수준이다. 우리나라는 어떨까? 우리나라는 인공지능 개발에 필요한 빅데이터가 사실상 구축되어 있지 않다. 정부가 공공데이터는 개방하고 있지만, 실제 기업들이 활용해 사업화하기 좋은 데이터는 제공되지 않고 있다.

영국의 월드와이드웹 재단의 발표에 따르면, 한국의 공공데이터 개방 및 활용도는 캐나다, 영국, 호주에 이은 세계 4위 수준이다. 하지만 실제 공공데이터를 활용한 사업모델에 관해 들어본 일은 거의 없을 것이다. 한국정보화진흥원의 '2017 정보화통계집'을 살펴보면 공공데이터를 활용하지 않는 이유에 대해 '필요한 데이터가 없음'이 70.3% 응답했다.

데이터 사막에 오아시스를 만들자

앞에 소개한 센스타임의 장원 총재는 2018년 세계지식포럼에 참가해 "인공지능은 제2의 인터넷 기술이라고도 할 수 있다. 과거 인터넷 도입을 주저한 기업은 모두 세상에서 사라졌다. 인공지능을 도입하지 않는 기업도 마찬가지로 도태될 것"이라고 지적했다. 이런 현실을 체감한 기업들이 정부에 빅데이터 관련 규제를 풀어달라고 요구하고 있지만 '규제 샌드박스', '규제 진공상태' 등 말만 거창하지 실제로 실현되고 있는 것은 거의 없는 상태다. 4차산업혁명위원회에서도 장병규 위원장을 중심으로 데이터 규제 혁파에 나서고 있지만 1차 임기 중에는 손에 잡히는 성과는 없는 상태다.

이런 상태를 해결하기 위해 데이터 거래소를 만들겠다는 구체적인 액션 플랜을 만들면 어떨까? 우리나라 데이터 규제가 풀리지 않는 것은 '데이터 관련 나쁜 규제를 뿌리 뽑자'는 식으로 추상적인 계획만 세우기 때문일 수도 있다. 구체적인 결과물인 거래소를 만들겠다고 생각하면 사태가 조금 더 나아질 수도 있다. 각종 데이터를 생산해 공급하는 기업이 생겨나고, 이들이 공급하는 데이터를 활용해 사업화하는 기업들이 나올 수 있기 위해서는 우선 거래소가 필요하다. 거래소를 만들기 위해서는 거래되는 데이터가 생산될 수 있도록 규제를 풀어야 한다. 생산된 데이터를 거래하는 과정에서 적용되는 규제도 사라져야 하기 때문에 엉켜 있는 규제를 단숨에 혁신하는 '고르디우스의 매듭'과 같은 접근이 필요할 것이다.

세계 최초로 중국이 만든 데이터 거래소, '구이양 빅데이터 거래소'를 참고하는 것도 좋은 방법이다. 구이양 빅데이터 거래소는 30가지의 분류를 만들어 데이터를 거래하고 있으며, 2015년 거래를 시작해 올해 상반기까지 누적 1억 2,000만 위안(약 200억 원) 이상 데이터가 거래된 것으로 알려져 있다. 무역협회의 분석에 따르면 2020년 중국에서 거래되는 데이터는 약 92억 달러(약 10조 원)에 달할 전망이다. 우리나라의 데이터 거래액은 2017년 7억여 원 규모에 불과했다.

6

북한에 만드는 스마트 시티, '지 시티智 City'

규제보다 규제 철폐가 더 지긋지긋하다

이 책을 읽는 독자들은 규제Regulation의 '규' 자만 나와도 지긋지긋할 거라고 생각한다. 규제를 풀어야 한다는 기업과 민간의 요구도 매번 똑같고, 이에 대응하는 정부의 논리도 매번 똑같다. 명시적으로 A, B, C 규제를 풀어달라고 하는 대신 무작정 "규제를 네거티브 방식으로 바꿔달라"고 요구하는 기업과 민간. 네거티브 규제는 하면 안 되는 일만 적시하는 방식의 규제다. 반대되는 말로는 포지티브 규제가 있는데, 이는 할 수 있는 일만 나열하는 규제 방식이다. 정부의 대응도 지긋지긋하기는 마찬가지다. 규제관련법은 국회에 수개월, 수년씩 계류하는 것이 보통이고 정부도 어떻게 손써야 할지 확신을 갖지 못하는 것 같다.

규제 해결이 어려운 것은 당연하다. 박용만 대한상공회의소 회장(두산인프라코어 회장)은 정부에 규제 개혁을 위해 39번이나 보고서를 제출했다고 한다. 기업, 학계, 정치계에서 가리지 않고 규제 혁파를 외치고 있지만, 그럼에도 현행 규제에 근거해 돌아가는 기업과 사업이 워낙 많아 이런 것들을 한 번에 뒤집기 어렵다. 이를 해결하기 위해 놀이터Sandbox처럼 규제 없이 각종 사업을 벌일 수 있게 하는 '규제 샌드박스' 등이 추진되고 있지만 여전히 지지부진하다.

규제가 없는 곳을 찾자

우리나라에서는 규제를 하나씩 제거하는 것보다, 규제가 없는 곳에서 4차 산업혁명 기술을 적극 개발해 나가는 것은 어떨까? 중국이나 일본에서 우리 기업이 안정되게 사업을 하기는 어렵다. 그 나라만의 고유한 규제가 있기 때문에 우리나라에서 사업하는 것보다 더 번거로워질 우려도 있다.

미국과 UN의 대북제재가 남아 있기에 여전히 갈 길이 멀지만, 먼 미래를 대비해 남북이 공동으로 북한의 빈 땅이나 도시를 스마트 시티로 개발하는 계획을 세워야 한다. 북한은 평양과 나진·선봉 지역을 제외하면 3G 인프라조차 제대로 갖춰지지 않은 기술 후진국이다. 대신, 그만큼 기술에 관한 규제가 없는 '규제 진공상태'의 국가다. 북한에는 빅데이터를 가로막는 개인정보보호법, 에어비앤비를 가로

막는 숙박업법, 우버를 가로막는 여객운수법이 없다. 4차 산업혁명을 가로막는 규제가 없다는 의미다.

우리나라에 테스트베드를 만들기 어려우니 남북 경협이 본격화된 이후 북한에 첨단 스마트 시티인 '지 시티'를 만들어 양국의 상호 호혜적인 관계를 추구하는 계획을 정부가 검토해야 한다. 두 나라의 미래, 혹은 통일을 위해서도 지 시티는 매력적인 시나리오다.

규제·산업·인재·교육 분야 개편

지워나갈 규제 목록 '네거티브 리스트' 만들기

지겹더라도 규제 이야기를 조금 더 파헤쳐보자. 규제가 어떤 기업과 기술의 발목을 잡았는지 들으면 조금 더 실감할지 모르겠다. 국내의 한 사례를 들어보자. 당뇨병 환자에게 혈당 측정은 번거롭기 짝이 없지만 꼭 필요한 일이다. 피를 채취해 혈당을 수시로 점검해야 혈당이 너무 높이 올라가지 않는지 확인하고, 인슐린 등에 적절한 조치를 취할 수 있기 때문이다. 2018년 1월, 울산과학기술연구원UNIST 신소재공학부 박장웅 교수팀은 동 대학 전기전자컴퓨터공학부 변영재 교수, 성균관대 신소재공학부 이정헌 교수와 공동으로 무선 스마트 콘택트렌즈를 개발했다. 이 콘택트렌즈를 착용하면 눈물에 포함된 당

농도를 분석해 실시간으로 알려준다. 일반 콘택트렌즈와 비슷해 착용이 편하고, 무선으로 전력을 공급하는 것도 장점이다.

한국의 규제환경에서 이 콘택트렌즈는 혈당측정기이면서 시력교정장치다. 혈당측정기라면 내분비내과 의사의 처방을 받아 의료기기 업체에서 구매해야 한다. 시력교정장치로 판단되면 안경점에서 맞춰야 한다. 기존에 없던 의료기기라 분류가 애매해 의료기기 구매 시에 적용되는 지원금도 받지 못한다. 기존 전통 의료기기도 받는 혜택을, 신기술이 적용된 혁신 제품은 받지 못하는 격이다.

당뇨 콘택트렌즈는 4차산업혁명위원회의 '끝장토론(해커톤)'에 상정돼 2019년부터 본격 해결에 들어가기로 했다. 뒤늦게라도 해결을 시작한 것은 다행이지만, 제품 상용화 기술을 발명한 지 1년이 훌쩍 넘은 뒤에야 상용화를 밟을 예정이다.

우리나라의 인재들이 미국의 실리콘 밸리로, 중국의 중관춘으로 떠나는 데에는 이런 규제도 한몫했다. 미국은 규제 한 개를 만들면 두 개를 없애는 방식의 TFORTwo for One Rule 방식을 취하고 있다. 중국은 과거 우리나라만큼 규제가 복잡한 나라였지만, '발전 중 문제 해결'과 '선허용 후보완' 정책을 적극 도입했다. 이 두 정책은 말 그대로, 규제를 두지 않고 우선 기업인들이 마음껏 새로운 도전에 나설 수 있게 하는 제도다. '네거티브 리스트'도 도입해 외국인을 붙잡는 규제를 줄였다.

네거티브 리스트는 외국인이 중국에서 하면 안 되는 일을 규정한 규제 리스트다. 중국은 해마다 이를 줄여나가며 외국인 운신의 폭을

넓히고 있다. 우리나라도 구체적인 규제 목록을 만들어 적극적으로 규제를 줄여나가야 한다.

'선허용 후보완'은 중국에서 핀테크, 드론, 블록체인, 신에너지자동차 등 다양한 분야에서 굴기가 가능했던 이유로 꼽힌다. 핀테크가 특히 대표적인 분야다. 우리나라에서는 페이팔PayPal과 동일한 수준의 해외송금 기술이 있어도 외화 송금 규제가 엄격하기 때문에 사업화할 수 없었다.

글로벌 컨설팅회사 KPMG와 핀테크 분야 벤처캐피털사 H2벤처스가 만든 '올해 최고의 핀테크기업' 100개에서 한국 기업은 단 2곳만이 이름을 올렸다. 반면 중국은 1위(앤트파이낸셜), 2위(JD파이낸스), 4위(두샤오만 금융)를 비롯해 11개 기업이 이름을 올렸다. 한국 기업은 28위(비바리퍼블리카), 63위(데일리금융그룹)에 그쳤다. 안정된 인터넷망과 뛰어난 IT 인프라를 활용해 핀테크 서비스를 만들어도 각종 규제에 가로막혀 사업화에 실패하는 사례가 많기 때문이라는 지적이 나온다.

우리나라의 '규제 후진성'은 수치로도 증명되고 있다. 세계경제포럼World Economic Forum의 '국제 규제경쟁력 지수'를 보면 중국은 2007년 35위에서 2017년 18위로, 미국은 2007년 40위에서 12위로 껑충 뛰어올랐다. 같은 기간 우리나라는 8위에서 97위로 떨어졌다. 유례를 찾아보기 힘든 수준의 하락이다.

투자받은 금액 기준의 세계 100대 스타트업 중 57곳이 한국에 오면 규제로 인해 제대로 사업을 벌일 수 없다는 연구 결과도 충격적이다. 아산나눔재단과 구글캠퍼스 서울이 2017년 7월 공동 발표한 '스타트업 코리아'에서는 기존의 사업 모델을 그대로 한국에 들여올 수 있는 기업은 위워크(사무실 공유), 모바이크(자전거 공유)를 비롯해 43곳에 불과하다고 지적했다. 44곳은 모든 사업 모델이 아닌 일부 모델만 가능했으며, 에어비앤비, 우버 등 13곳은 한국에서 완전히 사업이 불가능하다고 분석했다.

지워야 할 적폐 규제 목록을 만들자

우선 이 같은 100대 스타트업의 사업을 가로막는 규제가 무엇인지 우리도 '네거티브 리스트'를 제작해야 한다. 가로막힌 사업을 하나하나 뜯어보고, 그들의 가치가 얼마나 큰지 알아야 규제 철폐를 향한 의지가 더 커질 수 있다. 사업을 아예 펼칠 수 없는 스타트업 13곳이 누적 투자받은 금액만 해도 474억 달러(54조 원)에 이르기 때문이다. 우리나라에서 비슷한 모델이 나왔다 해도 이만한 투자를 유치해냈을지는 알 수 없지만, 적어도 비슷한 서비스를 국민이 누릴 수는 있었을 것이다.

법적인 규제 외에도 사회에는 암묵적인 규제처럼 작동하는 것들이 있다. 대표적인 것이 전통산업 종사자의 반발이다. 새로운 사업 모델을 가로막는 사람들에게 정부는 적극적으로 나서 중재안을 제안해야 한다. 2018년 10월, 카카오가 카풀 서비스를 내놓겠다고 선언하자 전국의 택시 사업자들이 서울 광화문에 모여 대대적인 집회를 열었다. 택시기사들은 카카오에 카풀 서비스를 포기할 것을 요구했다.

카풀 서비스를 포기하지 않으면 업계 점유율 1위 콜택시 서비스인 '카카오T' 이용마저 거부하겠다는 입장을 밝혔다.

정부는 새로운 산업이 시작될 때, 기존 산업 종사자가 입을 피해를 줄여줄 중재안을 적극 제안해야 한다. 택시 사업자와 카카오가 대립하는 사이, 선진 서비스를 이용하지 못해 피해를 입는 것은 국민이다.

해외 사례를 참고해 중재안을 만들어야 한다. 호주 뉴사우스웨일스주에서는 차량공유 서비스를 합법화하면서 5년간 우버 탑승객에게 1달러의 보조금을 걷었다. 이를 통해 택시 운전사의 줄어드는 임금을 연간 2만 호주달러까지 보완했다. 미국 매사추세츠주에서는 우버를 합법화하는 조건으로 1회 이용할 때마다 20센트의 세금을 부과하고 이를 통해 마련한 재원의 25%를 기존 택시업계에 지원했다.

중국이 약한 산업 분야를 공략하자

중국은 우리나라의 가장 큰 수출국이자 최대 수출 경쟁국이다. 우리나라는 2017년 중국에 1,421억 달러의 제품을 수출했다. 전체 수출액 5,738억 달러의 24.7% 비중으로 2위 아세안(16.5%), 3위 미국(11.9%)보다 월등히 많은 양을 수출하고 있다.

우리나라는 중국에 많이 수출하고 있지만, 정작 우리나라와 중국이 생산하는 제품군은 상당히 비슷하다. 두 나라가 얼마나 비슷한 품목을 수출하는지 보여주는 지표인 '수출경합도'는 1998년 37.9에서 2015년 44.8까지 높아졌다. 수출 주력품목인 평판디스플레이(93.6),

석유제품(88.8), 반도체(64.3) 등의 경합도는 매우 높다.

산업 발전의 근간, 세계 최대 시장

중국의 위협에 맞서 산업을 재개조하려면 중국 산업의 성장세부터 파악할 필요가 있다. 중국처럼 큰 내수시장은 그 자체로 산업 발전을 위한 좋은 조건이 된다. 자동차, 철강, 반도체, 스마트폰, 2차전지 분야에서 중국은 압도적으로 세계 1위 크기의 시장을 자랑하고 있다. 특히 중국은 글로벌 반도체 시장에서 60%에 가까운 크기의 시장이다.

중국은 자동차, 철강 같은 기존 산업에서만 경쟁력을 갖춘 게 아니다. 전기차, 드론, 반도체, 인공지능 등 미래 먹거리가 될 산업 부문에

주요 산업의 중국 시장 규모 순위 비교

	중국 순위	점유율(시장 규모)	비고
자동차 (전기승용차)	1위 (1위)	30.0% (47.6%)	미국 2위(18.2%) (미국 2위, 18.8%)
철강	1위	46.4%	미국 2위
드론	1위	54억 위안	미국 2위
스마트폰	1위	4.2억 대	미국 2위(1.9억 대)
AI 스피커 (2018년 1/4분기)	2위	21%	미국 1위(45.6%)
반도체	1위	59.5%	미국 2위
2차전지	1위	-	-
인공지능	2위	152.1억 위안	미국 1위
게임	1위	28.0%	미국 2위
전자상거래	1위	28조 6,600억 위안	미국 2위

자료: 업종별 자료를 정리, 2017년 통계 기준

서도 경쟁력을 갖추고 있어 더 무섭다. 중국이 미래 산업 육성에 성공한 데에는 자국 기업에 대한 적극적인 보호정책의 역할이 컸다. 전기자동차 기술력 강화를 위해 보조금을 지급하고, 해외 기업에는 보조금을 지급하지 않는 방식이다. 게임 산업 보호를 위해 게임 심사제도인 '판호'를 도입해 해외 게임의 진출에 제동도 걸고 있다.

산업 구조에 적극 개입하는 사례도 있다. 과당경쟁이 일반화됐던 철강 산업에 개입해 기업 간 합병을 주도하고 노후 생산시설을 폐기하는 식이다. "사람의 심장만큼 산업에서 중요하다"는 얘기가 중국 내에서 나오고 있는 반도체 산업의 경우, 칭화유니그룹 등 국영기업 중심으로 다양한 펀드를 조성해 투자를 이끌고 있다. 2025년까지 투자하는 금액만 170조 원에 이른다.

산업 발전을 위해 규제 완화도 적극 나섰다. 전기차와 자율주행차의 운행을 위한 각종 제도를 정비하는 한편, 드론 사용 제한을 최소화했다.

중국의 소비 확대

중국은 이처럼 거대한 생산력을 보유한 데에 더해, 자국 내 소비시장도 급속도로 키우고 있다. 더 이상 '세계의 공장'으로만 불리는 시절은 지났다는 의미다. 중국은 2008년 글로벌 금융위기 이후, 수출 주도 성장에서 내수 주도 성장으로 성장 방향을 변경했다. 그 결과 2017년 중국 GDP에서 소비가 차지하는 비중은 58.8%에 이른다. 금액으로는 8,200조 원(7.19조 달러)에 이른다.

우리나라도 이를 적극 공략해야 한다. 2015년 체결된 한중 FTA를 적극 활용해 시장 진출에 힘써야 한다. 2017년 한중 FTA 활용률은 고작 43%에 지나지 않는다. 활용률을 높이기 위해 통관 절차를 개선하고 지적재산권을 보호하는 등 비관세 장벽을 해소하는 전략을 강화해야 한다. 현재 진행 중인 한중 FTA의 서비스 투자 후속 협상을 잘 활용해 2020년 1,135조 원까지 커질 서비스 시장도 잘 활용해야 한다.

대중국 수출을 유지하면서 동시에 세계 시장에서 수출 경쟁력을 확보하려면 중국이 완벽히 앞서나가는 시장을 공략해서는 안 된다. 전기자동차나 드론 등 신산업 경쟁력 확보는 필수적이지만, 우리나라가 특화된 경쟁력을 가질 수 있도록 '킬러' 산업을 육성해야 한다.

중국 점령한 소니의 '센서'

일본의 소니는 중국 시장 안에서도 핵심 '킬러' 기술을 통해 잘 살아남은 기업이다. 소니는 흔히 휴대전화, 카메라로 유명하지만 중국 시장을 점령한 것은 CMOS 이미지 센서 기술이다. 이미지 센서는 렌즈를 통해 들어온 빛을 디지털 신호로 바꿔주는 부품이다. 스마트폰 카메라, DSLR 카메라에 쓰이는 것은 물론이고, 자율주행차 등 카메라 렌즈를 탑재한 모든 제품에 들어가야 한다. 시장조사 업체인 테크노리서치TSR에 따르면 소니의 2017년 글로벌 이미지 센서 시장 점유율은 52.4%로 전 세계 1위를 기록했다. 이미지 센서에서만 1조 원 이상의 영업이익을 거두는 것으로 업계는 추정하고 있으며, 중국 전문가들은 소니가 중국 시장도 점령했다고 입을 모은다.

킬러 산업은 일본의 이미지 센서 산업처럼 특화된 경쟁력을 잘 살려 중국과의 기술 격차를 유지해내는 산업을 지칭한다. 앞으로 미래가 밝아 보이는 대표적 두 산업 분야는 콘텐츠 산업과 헬스케어 산업이다.

중국판 넷플릭스와 의료관광?

'중국판 넷플릭스'로 불리는 영상 플랫폼 '아이치이iQiyi'는 월간 활성사용자의 수가 5억여 명에 이른다. 이곳에서 가장 많이 시청된 드라마는 〈태양의 후예〉이다. 누적 조회수가 48억 건을 넘어섰다. 2위 〈별에서 온 그대〉(38억 4,000만 건), 3위 〈달의 연인-보보경심 려〉(27억 1,000만 건)도 인기를 끈 드라마다. '아이치이', '유쿠', '텐센트' 등 플랫폼을 가리지 않고 골고루 흥행하는 것도 장점이다.

한류는 드라마를 포함해 방탄소년단BTS 등 아이돌 문화, SBS 〈런닝맨〉 등 예능 프로그램까지 장르를 가리지 않고 해외로 수출되고 있다. 콘텐츠 산업에 대한 투자가 늘어나면 가장 먼저 공략할 대상은 중국이 될 것이다. 콘텐츠의 유료 시청이 일상화되고 있는 만큼, 중국이 따라오기 어려운 '킬러 콘텐츠'를 활용한 중국 진출은 분명 유의미한 결과를 낼 것이다.

사드 보복 사태 이후 시들해졌지만, 한때 우리나라를 찾는 중국인들의 가장 큰 목적 중 하나는 의료였다. 성형수술을 포함해 각종 의료 혜택을 누리기 위해 우리나라를 찾는 중국인이 한 해 10만 명에 이뤘을 정도다. 중국인이 의료관광에 나서는 이유는 중국의 열악한 의료 인프라다. 중국은 인구 1,000명 당 의사 수가 1.5명에 불과하다. OECD 평균 3.3명의 절반에도 미치지 못하는 숫자다. 우리나라는 동북아에서 가장 진보한 성형외과 수술력을 가졌을 뿐만 아니라 2005년 이미 로봇 수술을 도입했을 정도로 기술이 진보해 있다.

의료관광이 더 활성화될 수 있도록 중국과의 서비스 무역 협상을 벌이고, 중국인의 의료관광에 유·무형의 인센티브를 줘야 한다. 아직 우리나라는 중국인을 괄시하는 경향이 있다. 하지만 이들이 우리나라를 찾아와 쓰는 많은 돈은 우리 경제에 도움이 된다. 중국인이 우리나라를 더 많이 찾을 수 있도록 의료관광사증 외에 추가적인 인센티브를 도입해야 한다. 성형수술을 받는 중국인에 세금을 환급해주는 방안을 도입하는 등 고려할 수 있는 다양한 정책이 있을 것이다.

인재 확보 전략을 다시 세우자

중국의 백인·천인·만인계획

인재는 4차 산업혁명으로 도래한 새로운 기술 경제 패러다임 속에서 가장 핵심적인 역할을 수행하는 존재다. 특히 컴퓨팅 사고력 기반으로 창의적인 문제 발전과 해결 능력을 갖춘 소프트웨어 인재 양성을 위해서는 국가 차원의 전략적인 인재 양성 지원책이 필요하다.

기술 인재를 양성하기 위한 중국의 노력은 중국 과학기술혁신의 핵심 연구기관인 중국과학원에서 시작됐다. 1994년 중국과학원은 매년 국내외 우수 인재 100명을 유치하려는 계획하에 '백인계획'을 시행했다. 중국으로 귀국하는 과학 인재에게 정착금 200만 위안(당시 환율로 약 1억 8,700만 원)을 지원했는데 이는 1994년 중국의 1인당 국민소득의 500배가 넘는 금액이었다. 백인계획을 시작으로 2008년 1,000명의 고급 인재 유치를 목표로 하는 '천인계획'과 2012년 과학기술 분야 등에서 국가적인 인재 1만 명을 10년에 걸쳐 키우겠다는 '만인계획'이 잇따라 시행됐다. 그 결과 해외에서 유학한 뒤 본국으로 돌아온 중국인 유학생 수는 2012년 27만 3,000명에서 2017년 48만 명으로 늘어났다. 고향으로 회귀하는 바다거북을 의미하는 '하이구이海歸'라 불리는 중국의 고급 인재들은 정부 차원의 전폭적인 지원 아래 중국 신산업의 굴기를 이끌고 있다. 뿐만 아니라 해외 인재에게도 파격적인 정착금을 제공하고 비자를 지원해주는 등의 노력을 통해 해외에서 영입한 고급 인력 역시 300만 명에 이른다.

그러나 대한민국의 상황은 정반대이다. 두뇌유출지수에 따르면 한국인 고급두뇌 10명 중 7명은 외국에서 일자리를 찾았다. 게임, 문화콘텐츠, 반도체 등 모든 분야에서 인재 유출이 일어나고 있다. 정부는 해외로 인재가 유출되기 전에 사전 방지 차원에서 이들에게 어떤 인센티브를 줄 수 있을지 고민해야 한다. 여기에 더해 해외로 나간 인재가 국내로 돌아올 유인책은 어떤 것이 있을지 검토해야 한다. 중국이 백인계획, 천인계획을 거쳐 2012년 만인계획을 선포한 사례를 참조해야 한다. 우리나라도 국내외 인재를 다시 유치하고 더 나아가 장기적으로 산업 전 분야에 걸쳐 인재 육성 전략을 다시 수립해야 한다.

인재 육성에는 민관협력 또한 필요하다

중국과 달리 영국은 민간이 앞서고 정부가 미는 민관협력 모델로 4차 산업혁명에 걸맞은 인재 육성 전략을 도입했다.

2015년 영국 국책연구기관인 공학·물리학 연구협의회Engineering and Physical Sciences Research Council, EPSRC와 다섯 개 대학(케임브리지대학교, 에딘버러대학교, 옥스퍼드, 유니버시티칼리지런던, 워릭대학교)은 공동으로 인공지능 연구소 앨런 튜링 연구소The Alan Turing Institute를 설립해 인공지능 연구와 인재 육성에 나섰다. 기업들은 인공지능 인재 육성을 위해 대학 박사과정에 900억 원에 달하는 장학금을 조성했고, 정부 역시 'AI 섹터딜'이라는 국가 전략을 만들어 적극 지원에 나섰다.

정부, 기업과 대학이 함께 협력하여 사업을 추진하고 산업과 기술 발전의 최신 성과로 인재 육성에 나서 대한민국의 우수 인력의 해외 유출을 차단하고 해외 인재의 국내 영입을 유도해야 할 필요가 있다.

교육 과정에서 4차혁명형 인재 갖추기

인공지능 인재를 자체 육성하는 중국

중국은 2017년 7월 '차세대 인공지능 발전계획'을 발표하며

2030년까지 중국을 전 세계의 인공지능혁신센터로 만들겠다는 계획을 내놓았다. 인공지능 인재 육성의 필요성을 강조하며 초·중·고등학교에서 인공지능 관련 과목을 개설하고 프로그래밍 교육을 확산하겠다는 계획을 발표했다. 실제로 2018년 4월 중국 상하이에서는 세계 최초로 고등학생용 인공지능 교과서가 발간됐고 상하이 내 40여 개 고등학교가 인공지능 교육의 실험지가 되고 있다.

대학의 경우 인공지능 관련 학과가 생겨나고 있다. 2018년 상반기 기준 베이징대학, 칭화대학, 푸단대학 등을 비롯하여 총 32곳의 대학교에 인공지능 관련 학과가 개설됐고 산학 연계를 기반으로 한 학과도 등장했다. 인공지능 음성인식 회사 아이플라이텍은 난닝단과대와 충칭우전대학과 협력해 인공지능단과대학을 설립했다.

반면 우리나라는 어떨까? 우리나라는 올해에야 중학생 코딩 의무교육을 시작했고 대학의 인공지능 학과는 사실상 전무한 상태이다. 빅데이터, 인공지능, 블록체인 등 미래 산업을 선도할 교육 중심으로 교과과정을 전면 개편해야 한다.

눈길을 끄는 제언들

중국 진출 교두보, 차이나 네비게이터

중국 진출의 교두보로 삼을 차이나 네비게이터가 필요하다. 중국의 사드 보복 이후 많은 기업들이 중국 시장에서 철수했다. 사드 문제뿐 아니라 중국공산당 정부와 특유의 꽌시 문화로 인해 기업들은 '차이나 포비아'로 부르며 중국 시장에 대한 공포를 호소하고 있다. 중국 기업의 성장 속도가 빠르면서 중국 기업에 투자하고 싶지만, 중국 기업에 대한 정확한 정보가 부족하다는 것이 전문가들의 지적이다. 이는 2013년 대중국 투자의 감소로 이어지고 있다. 한중 FTA를 체결했지만, 2016년 한중 FTA 활용률은 43%에 불과할 정도로 중국 시장 활용이 미진하다.

중국과 FTA를 체결한 국가 가운데 가장 큰 국가는 한국이다. 이와 함께 중국의 서비스 시장이 2020년 1,135조 원에 이를 정도로 중국의 서비스 시장 규모는 크다. 현재 운영 중인 한중 FTA 활용 조직인 '차이나데스크'를 업그레이드하고, 중국 정부와 기업에 대한 정보를 정확하게 알려줄 수 있는 중국 진출을 위한 컨트롤타워, 차이나 네비게이터가 필요하다. 대중국 투자액은 2013년 이후 꾸준히 감소세이다.

데이터 오픈 인센티브

2017년 중국 빅데이터 산업 규모는 76조 8,000억 원 규모, 2020년에는 165조 원에 이를 전망이다. 중국인들은 개인에게 이익이 된다면 데이터를 제공하고 있다. 한국은 각종 정보보호 규제와 개

2015~2020년 중국 빅데이터 산업 규모 추이

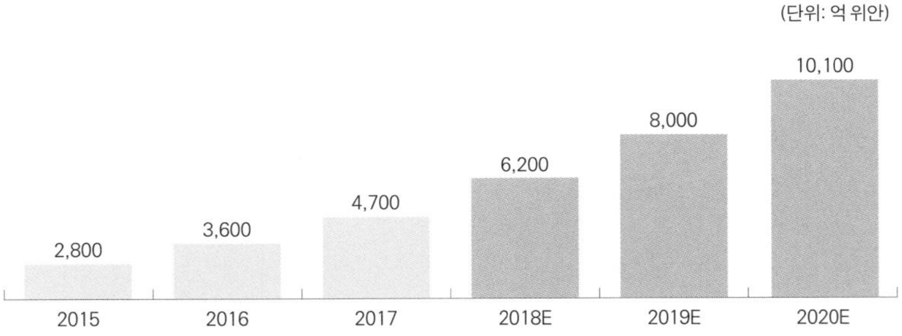

자료: 중상산업연구원, 그래픽: 홍종현 미술기자

인들의 데이터 보호 성향으로 데이터 축적이 미진하다. 이 때문에 데이터를 이용해 비즈니스를 하고자 해도 데이터 부족을 호소한다.

부족한 데이터 축적을 위한 데이터 오픈 인센티브 시스템을 구축해야 한다. 데이터 오픈 인센티브란 개인이 데이터를 공개하는 것에 정부나 기업이 이에 따른 인센티브를 제공하는 것을 의미한다. 일종의 빅데이터 거래소와 비슷한 개념이다. 실제로 모바일 쇼핑의 경우 개인정보를 보험사에 제공하면 쿠폰을 지급하기도 한다. 이 모델을 확장해 개인의 데이터를 값어치화해서 정부와 기업이 개인의 데이터를 사는 것이다. 정부는 데이터를 많이 공개한 개인에게 공공주차장 할인을, 기업에게 제품 가격을 할인하는 형식이다.

'Made with China', 현지화 전략

중국 시장을 공략하고자 한다면 철저히 현지화 전략으로 승부해야 한다. 따룬파 마트는 1998년 대만에서 중국 시장으로 진출한 마트로 2018년 10월 현재 중국 곳곳에 384개를 운영하고 있다. 반면 세계적인 대형마트와 우리나라의 대형마트는 중국에서 힘을 쓰지 못하고 있다.

중국 따룬파 마트의 현지화 전략을 본보기 삼아야 한다. 중국은 특유의 꽌시와 지역의 텃세 문화를 극복해야 하는데, 중국과 함께한다는 'Made with China' 전략, 즉 현지화 전략이 필요하다.

중국 무비자 협정 체결

한국은 미국의 비자 면제 프로그램에 가입된 국가다. 미국에 방문하고자 하는 경우 미국에서 비자 면제 프로그램에서 제한하는 요건에 해당하지 않는다면, 전자여행허가제ESTA 웹사이트에 등록하고, 비자 없이 여행이나 사업의 목적으로 90일 이내에 여행을 할 수 있다. 한국은 미국뿐 아니라 전 세계 187개 국가를 비자 없이 방문할 수 있어 비자 없이 갈 수 있는 나라를 보여주는 헨리여권지수Henley Passport Index 3위에 해당한다.

한국과 중국은 출입국 숫자가 양국 모두 가장 많은 국가 가운데 하나지만 무비자 협정을 맺고 있지 않다. 중국이 FTA를 맺은 국가 가운데 가장 큰 교역량을 보이는 국가는 한국이다. 이 때문에 중국은 전면적인 자유무역항으로 개발하고자 하는 하이난성을 제외(도착 비자 발급)하고는 비자 없이 중국 내에 입국할 수 없다.

정부는 앞장서서 중국과 무비자 협정을 체결해야 한다. 중국을 방문할 때마다 비자를 받는 번거로움, 그리고 당일 발급 시 11만 원에 해당하는 금액도 무시하지 못하기 때문이다.

한중 해저터널

한국과 중국 간에 해저터널을 건설해야 한다. 2008년 6월 경기도 평택과 중국 산둥반도를 잇는 374킬로미터 구간에 대한 해저터널 구상이 발표됐다. 이듬해 한국 정부는 해저터널에 대한 예비타당성

조사를 실시했지만 타당성이 없다는 판단을 내려 이후 논의는 중단됐다.

중국 정부는 랴오닝성 다롄시와 산둥성 옌타이시를 연결하는 123킬로미터의 세계 최장의 해저터널을 추진하고 있는데, 육상으로 갈 경우 1,500킬로미터의 거리를 10분의 1 이하로 줄인다는 계획이다. 이 해저터널에 고속철도를 놓을 예정이다.

해저터널은 양국 간 인적 교류와 수출, 수입을 볼 때 교통비와 물류비 부담을 줄일 수 있다는 장점이 있다. 한국의 관점에서 볼 때 해저터널은 중국을 내수시장화할 수 있고, 한국을 중국의 관광 국가로 만들 수 있다.

제주도 대중국 산업기지

중국은 산둥반도에 '블루경제구'를 비롯해 5개의 국가급 해양경제 시범구를 지정하며 해양자원에 전략적으로 접근하고 있다. 2020년이 되면 동북아 지역의 해양 산업이 전 세계 해양 산업의 20%를 차지할 거라는 전망이 있을 정도로 관련 산업이 커지고 있기 때문이다.

우리나라에서 중국의 해양 전략에 발맞출 가장 좋은 후보지는 제주도다. 제주도는 이동거리 2시간 이내에 인구 500만 이상의 한·중·일·대만 도시 11곳을 두고 있다. 제주도가 가진 독특한 해양자원과 관광 여건에 더해 항만, 해운 등 경제 인프라를 갖춰 해양 산업의 전략기지로 육성해야 한다.

제주도는 특히 훌륭한 전기차 사용 환경을 만들어낸 경험도 갖고 있다. 해양 산업과 4차 산업혁명을 융합할 최적의 장소는 제주도다.

5G 중심 인더스트리

5G 인더스트리로 재편해야 한다. 5G는 4G에 비해 1,000배 빠른 속도를 가진 통신망으로, 산업 전반을 혁신할 응용 산업의 패권이 달린 기술로 평가받는다. 5G 인프라는 사물인터넷 등과 연결돼 의료와 에너지, 농수산업, 국방, 환경, 교통을 연결한다. 5G 기술은 대규모 데이터가 생산되어 빅데이터가 부족한 데이터 우리나라 산업 발전을 혁신시킬 무기다. 또한 정보통신 제조 기술력이 뛰어난 우리나라는 5G 시대에 맞는 단말기 개발의 선두에 서야 한다. 중국 역시 2020년까지 5G를 상용화하겠다고 밝혀 대규모 투자가 이뤄지고 있다.

중국제조 2025가 나온 배경은 중국이 기존 산업은 단기간 추격이 쉽지 않은 반면, 신산업은 선진국도 시작 초기이기 때문에 노력 여부에 따라 세계 선두주자로 나설 수 있다는 판단에서였다. 한국이 4차 산업 전략을 짜고 있지만, 각종 규제로 인해 경쟁국가에 비해 혁명 속도가 느린 점, 전략 산업군이 중국과 겹치는 점 등을 고려할 때, 한국 산업을 다른 나라보다 5G 인더스트리로 빠르게 진입하고 안착시키는 전략이 필요해 보인다.

북한, '브릿지 투 차이나'

북한과의 경제협력은 우리 경제를 다시 달리게 할 중요한 원동력으로 꼽히고 있다. 중국과의 협력 강화에도 북한이 활용될 수 있다. 중국과의 외교 강화에 더해 중국으로 육로 교통이 뚫린다면 우리 기업의 대중국 시장 공략이 훨씬 활발해질 것이다. 특히 북방경제협력위원회가 러시아와의 가스관 개통을 추진하는 것처럼, 중국으로 통하는 전용 도로를 북한에 추진해야 한다.

• 참고문헌 •

국문

강동준(2018), "중국 전자상거래 현황과 과제", 〈INChinaBrief〉, Vol. 355, 2018. 2. 26.

박다솜(2018. 2. 11), "'샤오미'는 추락했다…하지만 지금은?"

한국농수산품유통공사(2018), "중국 역직구몰 시장 소개"

모바일증권나무(2018. 7. 10), "[휴대폰/IT부품산업] 중화권 스마트폰의 진화"

삼성증권(2018), "2차전지 산업분석 4편-전기차 심장, 배터리", 삼성증권, 2018. 7. 5.

이준 외(2018), "4대 산업혁명 시대의 유망 소재와 발전전략 산업연구원 연구보고서 중간보고서", 산업연구원, 2018. 8.

주대영 (2018), "2차전지 산업 현황과 발전과제", 〈월간 산업경제〉, 산업연구원, 2018. 3. 15.

정보통신정책연구원(2017), 2017 정보통신산업동향

유진투자증권(2018), "모바일/IT: 1분기 스마트폰 출하량 잠정 집계", 산업분석, 2018. 5. 8.

신한금융투자(2018), "샤오미 설명서", 차이나 포커스, 2018. 6. 5.

〈경향비즈〉(2018. 8. 14), "삼성 스마트폰 평균도매가, 중국 화웨이·오포 등에 밀려 5위로"

〈연합뉴스〉(2018. 5. 30), "中 스마트폰 '빅4', 印·동남아 시장 총공세…점유율 삼성 제쳐"

〈한국경제매거진〉(2018. 4. 23), "갤럭시에서 '노키아의 그림자'를 보다"

〈한국경제매거진〉(2018. 4. 11), "AI 스피커의 승자는 결국 '네이버와 카카오'"

정보통신기술진흥센터(2018. 3. 29), "스마트폰 시장의 미래 '폴더블', 상용화 위한 업계 행보 분주", 〈ICT Brief〉
〈전자신문〉(2018. 7. 29), "폴더블폰 '한중 대전' 불붙었다…샤오미, 오포도 가세"
〈지디넷코리아〉(2018. 5. 29), "中 알리바바, AI 스피커 판매 300만 대 돌파"
〈IT뉴스〉(2018. 3. 22), "글로벌 '스마트 스피커' 시장 동향 분석... 한국어 자연어처리 수준은 최하위"
〈이코노미톡뉴스〉(2018.05.28), "'구글 홈', 아마존의 '에코' 제끼고 판매량 1위 첫 등극"
미래부(2016), "ICT R&D 중장기 기술로드맵 2022"
서동혁 외(2017), "한중 신산업 발전전략과 산업협력 방안", 산업연구원 연구보고서
소프트웨어정책연구소(2017), "인공지능 괄목상대, 중국"
융합연구정책센터(2017), "양회를 통해 살펴본 중국의 4차 산업 정책 동향"
일본경제신문(2017. 11. 1), "미국 · 중국 · 인도 3강 – 인공지능의 국가논문수"
칭와대학(2018), "2018 중국인공지능발전보고서"
텐센트연구원(2017. 7. 26), 《中美两国人工智能产业发展全面解读》
한국무역협회(2017), "한국 인공지능 스타트업의 현황과 대응전략"
한국정보화진흥원(2017), "우리나라 AI 기업 현황 조사보고서"
한국콘텐츠진흥원(2017), "콘텐츠산업 실태조사 분석"
Clarivate Analytics(2017), "인공지능 혁신의 세계적 동향과 한국의 현주소"
IITP(2017), "4차 산업혁명을 대비하는 중국의 ICT 산업 및 정책동향"
iMedia Research(2017), "China Artificial Intelligence Industry Research Report"
KOTRA(2017), 《중국 전자상거래 시장 진출 가이드》
〈KOTRA 해외시장뉴스〉(2017. 9. 8), "中 전자상거래 시대 이어, 신유통(新零售) 시대 본격 시동"
〈KOTRA 해외시장뉴스〉(2017. 12. 13), "중국 온라인 거대업체, 오프라인시장 본격 진출"
〈KOTRA 해외시장뉴스〉(2018. 4. 2), "중국 전자상거래 수입시장 현황 및 전망"
KOTRA(2018), "중국 전기차 배터리 기업 동향 분석", 2018. 7. 20.
SNE 리서치(2017), "2017 중국 2차전지 산업 현황", SNE 리서치, 2017. 7.
〈ZDNET Korea〉(2017. 9. 6), "화웨이 AI 혁신 주역은 중국 스타트업 캠브리콘"

Teebik(2018), 2018春季手机市场报告
GameLook(2018. 6), 2018全球游戏市场报告
국토교통부(2017), "드론 산업 발전 기본계획(안) 2017~2026", 관계부처 합동, 2017. 12.
〈게임동아〉(2017), "샨댜의 시에페이 CEO, 텐센트, 넷이즈 이어 중국 3위 게임사로 발돋움할 것", 2017. 7. 29.
김동수(2018), "중국 IT 산업의 현재와 미래", 〈중국산업경제브리프〉, 산업연구원, 2018. 4.
김범석, 이광열(2015), "핀테크, 앞서가는 중국 따라가는 한국", 삼정KPMG경제연구원, 2015. 7.
김석기(2016), "샤오미의 숨겨진 전략", 〈디지에코 보고서〉, 2016. 1. 20.
김재현(2018), "[김재현의 차이나 인사이드] 글로벌 게임 산업 텐센트가 호령", 〈중앙시사매거진〉, 2018. 7. 23.
남윤선, 이정(2017), 《4차 산업혁명 시대 중국의 역습: 반도체 전쟁》, 한국경제신문.
리따치엔(2016), 《왕찬푸, 혁신의 지혜》, 도서출판 린.
마윈, 알리바바그룹(2017), 《마윈, 내가 본 미래》, 김영사, 2017. 12. 8.
박준기, 윤종석, 이현태(2017), "중국 전기자동차 산업 발전과 전망: 중국 정부의 산업육성정책 평가를 중심으로", 〈현대중국연구〉, 제18집 제4호, pp.101-140, 2017. 3. 27.
산업연구원(2018), "미래전략산업브리프", 2018. 8. 19.
션지아, 김명숙(2016), "중국 전자상거래 기업들의 다각화 전략에 관한 비교연구", 〈국제경영리뷰〉, 제20권, 제1호, pp.263-286, 2016. 3.
송용호(2017), "중국 '반도체 자급' 가속도, 2년 뒤 메모리 공급 과잉 우려", 〈중앙일보〉, 2017. 7. 17.
〈시사매거진〉(2018), "중국의 블록체인 어디까지 왔을까?", 2018. 8. 8.
〈아주경제〉(2018), "[빈섬스토리-마화텅②] '짝퉁도 창조다' 중국을 바꾼 10센트의 역설", 2018. 5. 24.
안명호, 최재영(2018), "한국 자동차 산업의 산업내 무역 동태적 변화에 대한 분석 - 對 미국과 중국을 중심으로", 〈통상정보연구〉, 제20권 제1호, pp.131-149, 2018. 3.
이지연(2016), "뉴노멀 프론티어 금융빅뱅의 기수 핀테크 (中)", 〈뉴스핌〉, 2016. 6. 3.
임채연(2016), "앤트파이낸셜 글로벌 사장 더글라스 피긴", 〈중앙일보〉, 2016. 12. 23.
오종혁(2017), "중국 디지털 경제 발전의 특징과 시사점", 〈오늘의 세계경제〉, Vol. 17,

No. 14, 2017. 4. 19.
오철(2016), "중국 드론 산업 규제완화 정책의 특징과 한국에 대한 시사점", 한국경제연구원, 〈정책연구〉, 2016-26, 2016. 12.
윤정현(2016), "비야디(BYD), 중국 정책 수혜로 '전기차 1위' 질주", 〈한국경제〉, 2016. 9. 19.
이근, 김호원(2018), 《미래 산업 전략 보고서》, 21세기북스.
이수향(2018), "중국 자동차 시장 현황 및 시사점", 〈한국은행 국제경제리뷰〉, 2018-6호.
이아름(2017), "드론 시장 및 산업 동향", 융합연구정책센터, 2017. 1. 9.
이정(2016), "2016년 한국 반도체의 기회와 위기", 유진투자증권, 2016. 5. 31.
이주완(2016), "중국의 반도체 굴기", 하나금융경영연구소, 2016. 2.
장밍전(2016), 《리수푸, 자동차를 향한 올인》, 도서출판 린, 2016. 11. 30.
장샤오헝(2014), 《마윈처럼 생각하라》, 갈대상자, 2014. 9. 30.
전수경(2018), "중국 핀테크 산업의 발전 현황과 정책방향", 대외경제정책연구소, 2018. 3.
정보통신기술진흥센터(2016), "중국 반도체 굴기의 중심, 칭화유니그룹", 2016. 2.
콰이따오홍치, 펑위린(2016), 《마윈, 역발상의 지혜》, 도서출판 린, 2016. 6. 30.
한국경제연구원(2018), "한국 4차 산업혁명 기술, 중국보다 뒤처져", 2018. 5. 28.
한국과학기술평가원(2017), "중국 핀테크 산업의 동향 및 시사점", 2017. 12.
한국무역협회(2017), "비행하는 중국의 드론 산업", 한국무역협회 베이징지부, 2017. 5.
한국무역협회(2017), "중국 전자상거래 시장 규모 세계 3위", 2017. 4. 16.
한국벤처투자(2016), "해외투자시장 동향", 〈VC/PE Monthly〉, 2016. 10.
한국콘텐츠진흥원(2017), "중국콘텐츠 산업 동향", 2017. 5.
〈KESSIA ISSUE REPORT〉(2016), "드론의 기술 개발 동향 및 기업의 대응방안", 시스템산업협회, 2016. 8.
KOTRA(2018), "중국의 세분화되는 게임 시장을 주목하라", 2018. 4. 16.
KOTRA(2016), "2017 중국 진출 전략", KOTRA 중국지역본부, 2016. 11.
IBK투자증권(2017), "반도체/IT", 〈Industry Brief〉, 2017. 1. 16.

해외 문헌

中国电子商务研究中心(2018), 2017年度中国电子商务市场数据监测报告

中国电子商务研究中心(2017), 2017(上)中国网络零售市场数据监测报告

中国电子商务研究中心(2018), 2017年度中国网络零售市场数据监测报告

中国国务院(2017. 7. 8), "新一代人工智能发展规划"

IResearch(2017. 4), "2017年中国人工智能产业专题研究报告"

GEEKPARK(2016. 5), "关于人工智能, 你应该关注什么"

尹丽波(2016~2017), "人工智能发展报告", 국가공업정보안전발전연구센터

陈炳祥(2017. 8), "人工智能改变世界"

普华永道(2017), "一带一路"背景下的大健康产业投资白皮书, 2017. 11.

易凯资本(2016), 中国健康产业 2016年投资白皮书, 易凯行研报告2016-健康产业, 2016. 4.

易观智库(2016), 中国移动医疗市场年度研究报告2016, 2016. 4.

亿欧智库(2018), 2018中国医疗人工智能发展研究报告, 2018. 6.

华夏其石产业服务集团 医疗健康行业研究部(2018), 独角兽进化洞察系列之 医疗健康行业独角兽深度研究报告, 2018. 7.

德勒中国 商务部投资促进事务局(2017), 商务部投资促进系列报告, 2017. 12.

比达咨询(2018), 中国移动医疗APP产品 监测报告2018, 2018. 3.

新三板智库(2018), 新三板专题研报告 移动医疗行业研究： 有效盈利模式浮现, 千亿级市场再迎春天, 2018. 1.

易观智库(2018), 中国于联网医疗年度综合分析2018, 2018. 7.

亿欧智库(2017), 2017人工智能赋能医疗产业研究报告, 2017. 8.

艾媒资询集团(2016), 2015-2016中国移动医疗健康市场研究报告, 2016.

易观智库(2016), 直击痛点, 医生服务进一步创新深化中国医生端移动医疗APP上半年专题研究报告2016, 2016. 6.

易观智库(2018), 中国医疗互联网生态图谱 2017, 2018. 1.

艾媒资询集团(2017), 2016-2017中国移动医疗健康市场研究报告, 2017. 3.

互联网医疗系统与应用国家工程实验室 华为Wireless X Labs 郑州大学第一附属医院 中国信息通信研究院 中国移动通信集团有限公司 互联网医疗健康产业联盟(2018), 无限医疗白皮书, 2018. 1.

国信证券(2018), 宁德时代(300750), 2018. 8. 22.
中国音数协游戏工委(GPC)&伽马数据(CNG)&国际数据公司(IDC)(2017), 中国游戏产业报告
Alibaba Group(2018. 5. 4), "Alibaba Group Announces March Quarter 2018 Results and Full Fiscal Year 2018 Results"
CBInsights(2018. 7. 27), "The rise of Chinese voice assistants and the race to commoditize smart speakers"
Huawei(2018), 2017 Annual Report
MIT Technology Review(2018), "Inside the Chinese labs that plans to rewire the world with AI", 2018. 3. 7.
PCMag(2018. 10. 16), "The Best Smart Speakers of 2018"
国务院(2015), "国务院关于印发《中国制造2025》的通知", 2015. 5. 8.
财政部(2018), "国务院关税税则委员会关于降低汽车整车及零部件进口关税的公告", 2018. 5. 22.
創業邦研究中心(2018), "2018區塊鏈發展報告"
程弢(2016), "2016云栖大会, 马云:"电子商务"将消失, "五新"将颠覆传统行业", 雷锋网, 2016. 10. 13.
华尔街见闻(2018), "财政部权威解释来了!这里有更多个税改革细节", 2018. 6. 19.
胡润研究院(2018),《深圳世茂前海中心, 2018第二季度胡润大中华区独角兽指数》
搜狐(2018), "降低日用消费品进口关税指向明确'意义深远", 2018. 6. 25.
新浪(2018), "图解, 减税降负再放大招!一张图告诉你7项减税措施都有啥", 2018. 5. 15.
新浪科技(2018), "中国共享经济领跑全球 未来将保持年均40%增长", 2018. 3. 4.
人民大学劳动人事学院(2017), "阿里巴巴零售电商平台就业吸纳与带动能力研究"
中國嘹望(2017), "奶茶妹劉強東:女人有權選有面包的愛情", 2017. 3. 9.
中国信息化百人会(2016), "2016中国信息经济发展报告"
中国信息化百人会(2017), "'数字经济'写入政府工作报告2016年我国数字经济规模达22.4万亿", 2017. 3. 5.
中国网(2011), "清华大学新生报到 奶茶妹妹遭围堵", 2011. 8. 19.
支付宝(2018),《2017年全民账单》, 2018. 1.
紫光股份有限公司(2018),《2017年年度报告》, 2018. 4.

iResearch(2018),《中国第三方支付商业智能变革研究报告》
iimedia(2018), "2018Q1中国在线餐饮外卖市场研究报告"

영문

Adam Clarke(2017), Volvo Car USA, 2017. 2. 15.
Alexandra Ma(2017), "From internet sensation to China's youngest female billionaire: meet 24-year-old Zhang Zetian", EveningStandard, 2017. 8. 10.
Amy Ann Forni and Rob van der Meulen(2017), "Gartner Says Almost 3 Million Personal and Commercial Drones Will Be Shipped in 2017", Gartner, 2017. 2. 9.
Bank of International Settlements(2018), BIS Statistical Bulletin(June 2018)
CCN(2018), "EOS Leads China's Blockchain Rankings Again, Bitcoin Still Out of Top 15", 2018. 7. 20.
CCID Consulting(2017), "2018 China Blockchain Industry Development and Investment Value Report"
Charles Clover(2017), "China's BYD opens its first commercial monorail", Financial Times, 2017. 9. 4.
Credit Suisse(2018), "Blockchain 2.0", 2018. 1. 11.
David Dollar et al.(2017) Measuring and Analyzing the Impact of GVCs on Economic Development, International Bank for Reconstruction and Development/The World Bank.
Duncan Clark(2016), "ALIBABA: The House That Jack Ma Built", Ecco Press, 2016. 4. 12.
Economy, Elizabeth(2018), The Third Revolution: Xi Jinping and the New Chinese State, Oxford University Press.
Engen Tham(2016), "Jack Ma says lawsuits, probes help Alibaba to be understood", Business News, Reuters, 2016. 7. 10.
Fang block(2018), "Philanthropy on the rise in China", BARRONS, 2018. 5. 9.
Fintan Corrigan(2018), "How A Quadcopter Works With Propellers And Motors Explained", DroneZon, 2018. 5. 5.

Gilmar Masiero, Mario Henrique Ogasavara, Ailton Conde Jussani and Marcelo Luiz Risso(2016), "ELECTRIC VEHICLES IN CHINA: BYD STRATEGIES AND GOVERNMENT SUBSIDIES", Revista de Administracao e Inovacao, Sao Paulo, Vol. 13, No. 1, pp.3-22, 2016. 1. 25.

GlobeNewswire(2018), "JD.com Announces First Quarter 2018 Results", 2018. 5. 8.

John Voelcker(2016), "Who Sold The Most Plug-In Electric Cars In 2015? (It's Not Tesla Or Nissan)", Green Car Reports.

Jonathan Shaw(2012), "A Radical Fix for the Republic", Harvard Magazine, 2012. 8.

KPMG(2017), H2 Ventures, 2017 Fintech100-Leading Global Fintech Innovator.

Laudon, Kenneth C and Jane P(2014), "Management Information Systems 12/E: Managing the Digital Firm", Pearson Education Asia.

Lazo and Luz(2017), "Chinese bike-share giant ofo is rolling into D.C." The Washington Post. 2017. 10. 9.

McKinsey&Co.(2016), "Urban World: The Global Consumers to Watch", 2016. 4.

Mark Leong(2010), "Geely University" Fobes, 2010. 7. 29.

Martin Weltzman(1985), Share Economy.

Masha Borak(2018), "World's top drone seller DJI made $2.7 billion in 2017", Technode, 2018. 1. 3.

Mengjie(2016), "4-day conference themed on 'Apsara and Evolution' opens in Hangzhou", Xinhuanet, 2016. 10. 13.

Newzoo(2018), "2017 Global Games Market Report"

PwC(2014), "PwC: UK sharing economy generates 9billion by 2025", 2014. 11. 25.

Shanda Games, www.shandagames.com, 2018.

Stanford Graduate School of Business(2013), "Jack Ma: Ideas and Technology Can Change the World", Stanford University, Greater China

Business Club, 2013. 5. 6.
Shanni.M.(2016), "DJI Is A US$10 Billion Company Spearheading The Drone Industry – Here's 5 Facts About It", Vulcan Post, 2016. 10. 27.
Taylor Ogan and Xiangming Chen(2016), "Rise Of Shenzhen And BYD: How A Chinese Corporate Pioneer Is Leading Greener And More Sustainable Urban Transportation And Development – Analysis" Eurasia Review, 2016. 3. 13.
Tencent, www.tencent.com/zh-cn/index.html (검색일: 2018. 8. 26)
Terrafugia Newsletter(2013), "Transportation of the future today", eNewsletter, No.29, 2013. 1. 31.
Trefor Moss and William Boston(2018), "How China's Geely Turned a Disassembled Mercedes Into a Global Car Company", Wall Street Journal, 2018. 3. 4.
Tycho de Feijter(2018), "The First Geely Was A Fake Mercedes-Benz E-Class Based On A Real Audi 100", Geely and Mercedes-Benz, 2018. 2. 7.
Rene Chong(2016), "Taxi Drivers vs Uber Drama", Vulcan Post, 2016. 4. 25.
Russell Flannery(2017), "BYD CEO, Wang Chanfu", Fobes, 2017. 12. 23.
Russell Flannery(2017), "China's Richest 2017: Wang Chuanfu Steers EV Leader BYD Deeper Into New Markets", Fobes, 2017. 11. 15.
Russell Flannery(2016), "China's Volvo Owner Li Shufu Brings Key Financial Exec Back To Geely Board", Fobes, 2016. 7. 16.
Ryan Mac, Heng Shao and Frank Bi(2015), "Drones got Frank Wang his billions and enemies", Forbes, 2015. 6. 23.
South China Morning Post(2018), "Ofo's CEO says no offer would be good enough for Chinese bike sharer.", 2018. 8. 5.
US securities and exchange commission(2014), "Alibaba Group Holding Limited", 2014. 5. 6.
Wang Zhou(2010), "Geely University", Fobes, 2010. 7. 29.
Wai Fong Boh, Wee-Kiat Lim and Yi Zeng(2017), "DJI, The rise of the drones", Nanyang Business school, Nanyang technological university,

2017. 9. 19.
William Boston and Robert Wall(2018), "Founder Geely became the largest shareholder of Daimler", The Wall Street Journal, 2018. 2. 25.
World Economic Forum(2017), "The Global Competitiveness Report 2017-2018", 2017. 9. 26.
홍콩증권거래소 공시자료(2018), Application Proof of MEITUAN DIANPING, 2018. 6.
홍콩증권거래소 공시자료(2018), ANNOUNCEMENT OF OFFER PRICE AND ALLOTMENT RESULTS of Xiaomi, 2018. 7.

온라인 사이트

〈디지털데일리〉(2018. 7. 8): http://www.ddaily.co.kr/news/article.html?no=170437
〈머니투데이〉(2018. 1. 30): http://m.mt.co.kr/renew/view.html?no=2018013012184750637&googleamp
바이두 백과: https://baike.baidu.com/
〈이데일리〉(2018. 2. 15): http://paxnet.moneta.co.kr/news/mainView?articleId=2018021519040300848&wlog_rpax=L_news
〈연합뉴스〉 인터넷판(2017. 12. 12): http://www.yonhapnews.co.kr/bulletin/2017/12/12/0200000000AKR20171212137500009.HTML
Market Screener: https://www.marketscreener.com/
Reuters(2017. 12. 18): https://www.reuters.com/article/us-tencent-holdings-jd-com-vipshop-hldg/chinas-tencent-jd-com-invest-863-million-in-online-retailer-vipshop-idUSKBN1EC07T
http://www.cidermics.com/contents/detail/1418
https://m.post.naver.com/viewer/postView.nhn?volumeNo=16233416&memberNo=31405491&vType=VERTICAL
https://www.tencent.com/en-us/abouttencent.html
http://www.netease.com/phoenix.zhtml?c=122303&p=irol-IRHome
미스터캡, www.mrktcap.com/index.html (검색일: 2018. 8. 26)

서울시 정보소통광장, https://opengov.seoul.go.kr/seoullove/10248214, 2018.
중국국가통계국, http://www.stats.gov.cn (검색일: 2017. 5. 5)
한국드론산업진흥협회, http://kodipa.org, 2018.
Alibaba, www.alibaba.com, 2018.
BYD, www.byd.com, 2018.
CB Insights, https://www.cbinsights.com/research-unicorn-companies (검색일: 2018. 8. 24)
DiDi Global, www.didiglobal.com, 2018.
Geely, www.zgh.com, 2018.
IC Insights, www.icinsights.com
ofo, www.ofo.com, 2018.
OICA(Organisation Internationale des Constructeurs d'Automobiles, International Organization of Motor Manufacturers), http://www.oica.net, 2018.
SEMI(국제반도체장비재료협회), www.semi.org
Terrafugia, www.terrafugia.com, 2018.
蚂蚁金服, www.antfin.com
阿里巴巴, www.alibabagroup.com
网贷之家, www.wdzj.com

• 자문위원 명단 •

나승복 법무법인 화우 변호사

박승찬 중국경영연구소 소장

박혜화 웨이코리아Wei Korea 대표

서봉교 덕성여자대학교 중국학과 교수

윤재웅 선대인경제연구소 중국경제센터장

정유신 서강대학교 기술경영MOT전문대학원장

정환우 KOTRA 중국조사담당관

최성희 IDG Capital 수석심사역

최일지 티엔야 대표

한재진 현대경제연구소 연구위원

무엇이 중국을 1등으로 만드는가

초판 1쇄 2018년 11월 29일
초판 2쇄 2019년 1월 14일

지은이 MBN 중국보고서팀
펴낸이 전호림
책임편집 김은지
디자인 제이알컴
마케팅 박종욱 김혜원

펴낸곳 매경출판㈜
등 록 2003년 4월 24일(No. 2-3759)
주 소 (04557) 서울시 중구 충무로 2 (필동1가) 매일경제 별관 2층 매경출판㈜
홈페이지 www.mkbook.co.kr
전 화 02)2000-2630(기획편집) 02)2000-2645(마케팅) 02)2000-2606(구입 문의)
팩 스 02)2000-2609 **이메일** publish@mk.co.kr
인쇄·제본 ㈜M-print 031)8071-0961
ISBN 979-11-5542-923-5 (03320)

책값은 뒤표지에 있습니다.
파본은 구입하신 서점에서 교환해 드립니다.

이 도서의 국립중앙도서관 출판예정도서목록(CIP)은 서지정보유통지원시스템 홈페이지(http://seoji.nl.go.kr)와 국가자료공동목록시스템(http://www.nl.go.kr/kolisnet)에서 이용하실 수 있습니다.
(CIP제어번호: CIP2018037038)